Clickertraining
für Katzen

Clickertraining für Katzen

Erziehung macht Spaß

von Martina Braun

CADMOS

Gestaltung und Satz: Ravenstein + Partner, Verden
Lektorat: J. Aurahs
Fotos: Urs Preisig
Druck: Westermann Druck Zwickau GmbH

Printed in Germany

ISBN 978-3-86127-124-6

Inhalt

Inhalt

Einführung

Sie müssen ein sehr aufgeschlossener, experimentierfreudiger Mensch sein, denn Sie haben dieses Buch zur Hand genommen! Allen Unkenrufen zum Trotz, dass man Katzen nicht „erziehen" kann, haben Sie sich auf das Abenteuer eingelassen, das Arbeiten mit dem Clicker kennen zu lernen und sich mit Ihrer Katze noch intensiver auseinander zu setzen. Ich kann Ihnen versichern: Sie werden es nicht bereuen. Denn der Clicker ist mehr als ein Erziehungsmittel. Es ist ein Instrument, das uns Menschen eine vielschichtige, ganz neue Art der Kommunikation mit unseren Katzen ermöglicht. Ob Sie den Clicker nun einsetzen, um Ihre Katze Dinge zu lehren, die Sie sich für Ihr Zusammenleben wünschen, ob Sie Ihrer Katze damit unangenehme Angewohnheiten abgewöhnen oder ob Sie den Clicker einfach zum Vergnügen einsetzen: Die Möglichkeiten sind unbegrenzt! Ich freue mich, Sie über die Spitze eines Eisberges zu führen und Ihnen seine Hügel und Krater, Ecken und Winkel zeigen zu dürfen. Wie weit Sie in die Tiefe gehen und entdecken, was noch alles unter der Oberfläche schlummert, ist Ihnen überlassen. Der Fantasie sind keine Grenzen gesetzt.

Ich verspreche, ich werde Sie nicht lange mit Theorie langweilen. Gestatten Sie mir nur eine Bemerkung zum Begriff „Erziehung". Erziehung beinhaltet das Wort „ziehen" und immer, wenn wir etwas „ziehen", bedarf es einer gewissen Kraftanstrengung. Mal mehr, mal weniger. Und

„Mach den Tiger" – hier von Mogli in Perfektion gezeigt, indem er mit den Vorderpfoten dem Target folgt.

Der Weg dorthin ist gar nicht so schwer! Mithilfe des Targets wird spontan gezeigtes Verhalten bereits im kleinsten Ansatz mit einem Click bestätigt.

genau aus diesem Grunde ist dieses Wort in meinen Augen hier nicht angebracht. Mit dem Clicker werden Sie feststellen, dass es keine Kraft braucht, um Ihrer Katze „Sitz“ oder „Geh in den Transportkorb“ beizubringen. Das Tier handelt aus eigenem Antrieb. Alles, was Sie brauchen, ist Geduld, um die Katze ausprobieren zu lassen, was erwünscht ist und was nicht. Ein waches Auge dafür, wie die Katze reagiert und welches Verhalten Sie Ihnen anbietet. Und das Verständnis dafür, dass es zwischen dem Training mit Katzen und Hunden ein paar Unterschiede gibt. Beim Hund können Sie sagen: „Gut, mein Hund, nun habe ich Zeit und wir machen ein paar Clickerübungen.“ Bei der Katze hingegen sagt die Katze: „Gut, mein lieber Dosenöffner, ich habe gerade Zeit und Muße für dich. Du darfst jetzt für mich clickern.“

Wie lernt die Katze den Clicker kennen?

Eine Lernmethode, der sich kein Wirbeltier – auch der Mensch nicht! – entziehen kann, ist die klassische Konditionierung. Für das Clickertraining stellt sie die Grundlage dar, und eigentlich funktioniert sie denkbar einfach. Nehmen wir folgendes Beispiel: Stellen Sie sich vor, Sie waren an einem sehr heißen Tag draußen unterwegs. Sie sind durchgeschwitzt, völlig überhitzt und haben unsagbaren Durst. Gerade als Sie heimkommen, hören Sie, wie jemand in der Küche eine Sprudelflasche mit einem erfrischenden Zischen öffnet! Ich kann mir bildlich vorstellen, mit welcher Vorfreude auf einen großen durststillenden Schluck Sie in die Küche eilen. Warum? Weil Sie das Geräusch, das entsteht, wenn man eine Sprudelflasche öffnet, kennen und es bei Ihnen „konditioniert“ ist mit den Begriffen: „trinken – kühl – erfrischend – durstlöschend“. Hätten Sie noch nie im Leben dieses Zischgeräusch gehört, dann wäre es für Sie ohne jegliche Bedeutung. Oder anders ausgedrückt: Dann wäre das Zischen der Sprudelflasche für Sie ein „neutraler Reiz“.

Und schon sind wir dabei, unsere Katze – jetzt drücken wir es ganz gekonnt aus – auf den Clicker klassisch zu konditionieren. Wenn Sie mit einem Knackfrosch aus der Zoohandlung, Clicker genannt, Ihrer Samtpfote daheim etwas vorclickern, so ist dieses Geräusch für die Katze noch ein neutraler Reiz ohne jegliche Bedeutung. Damit der Clicker (der neutrale Reiz) für die Katze eine Bedeutung erlangt und positiv verknüpft wird, also eine Konditionierung stattfindet, brauchen wir nur eine kleine Grundregel zu beachten: nämlich das Timing!

Das Timing

Unmittelbar nach dem Click bekommt die Katze ein Leckerli. Das „unmittelbar“ ist das Wichtige an der ganzen Sache! Das Leckerli darf nicht mit dem Clickgeräusch zusammen kommen, denn dann findet keine Verknüpfung statt. Die Katze wird sich nur auf das Leckerli konzentrieren und das Clickgeräusch geht dabei unter. Ist die Zeitspanne zwischen dem Geräusch des Clickers und dem Darreichen des Leckerlis zu lang, findet ebenfalls keine Konditionierung statt, weil das Tier keine Verbindung zwischen dem Click und dem Leckerli herstellen kann.

Wichtig ist:

Zwischen Click und Leckerli liegt eine Zeitspanne von einer fünftel bis maximal einer halben Sekunde!

Sie nehmen also Ihren neuen Clicker zur Hand, legen ein paar besonders bevorzugte Leckereien griffbereit und rufen Ihre Katze zu sich. Clicken Sie jeweils nur ein einziges Mal und reichen Sie ihr ein Leckerli innerhalb einer halben Sekunde. Wiederholen Sie das Ganze ein paar Mal. Und ob Sie es glauben oder nicht: Sie sind auf dem besten Weg, Ihre Katze optimal klassisch zu kon-

Die Belohnung für gute Leistungen kann auch Schmusen oder ein liebevoller Nasenstüber sein.

ditionieren! Es ist möglich, dass Ihre Katze nach ein paar Leckerli einfach davon läuft. Das macht gar nichts! Merken Sie sich bitte für jedes Training:

- Einmal zeitlich gut geclickt ist besser und wertvoller als 20 Clicks zur falschen Zeit!

Der Ablauf ist also:

- Click gefolgt von einer Belohnung innerhalb maximal einer halben Sekunde

Wiederholen Sie diese Einsteigerübung zwei oder drei Mal am Tag für jeweils zwei bis maximal fünf Minuten. Innerhalb kürzester Zeit werden Sie feststellen, dass Ihre Katze den „Click" mit „Leckerli" verknüpft hat. Je häufiger Sie zu Beginn clicken, desto besser wird die Katze darauf konditioniert, dass dem Click etwas Positives folgt. Wir werden an späterer Stelle noch darüber reden, dass Sie mit dem Clicker nicht locken respektive rufen sollten. Aber um Ihnen den ersten Erfolg ersichtlich zu machen, können Sie ein einziges Mal (aber bitte wirklich nur dieses eine Mal!) folgenden Test machen: Wenn Ihre Katze nach ein, zwei Tagen Clickereinführung gerade wach und in der Nähe ist, clicken Sie einfach mal. Sie werden feststellen, dass Ihr süßer Stubentiger in freudiger Erwartung eines Leckerlis angedüst kommt. Gratuliere! Sie haben den wichtigsten Schritt bereits getan!

Klassische Konditionierung

Sie haben außerdem ganz nebenbei das Prinzip einer der wichtigsten, allgemein wirksamen Lernmethoden erfasst, deren Entdeckung wir einem russischen Wissenschaftler namens Ivan Petrowitsch Pawlow (1849–1936) zu verdanken haben: die klassische Konditionierung, deren Grundeigenschaften zusammengefasst folgende sind:

Bei richtigem zeitlichem Einsatz (Timing) kann sich das Tier der Wirkung gar nicht entziehen, denn es erfolgt keine gesteuerte, willentlich beeinflussbare Reaktion, sondern es wirken physiologische Vorgänge. Dies bedeutet, dass das Tier diesen Vorgang nicht mit seinem Verhalten beeinflussen kann.
So wird ein ursprünglich neutraler Reiz (Click) mit einem positiven Reiz (Futter/Spiel/Streicheln) verknüpft und dem gleichgesetzt.

Noch einmal ein Beispiel dazu: Welche Katze, die Nassfutter liebt, reagiert nicht auf das Geräusch beim Öffnen der Aluminiumverpackung oder der Dose? Da hat also ungewollt bereits eine klassische Konditionierung stattgefunden. Die *„natürliche Belohnung"* – in diesem Fall das Fressen – nennt man den *„primären Verstärker"*. Das Geräusch des Dosenöffnens ist der so genannte „Sekundärverstärker". Deshalb reden wir bei der Arbeit mit dem Clicker vom Einsatz eines Sekundärverstärkers. Die freudige Erwartung des Futters oder Leckerlis wird also durch den Click verstärkt oder anders gesagt angekündigt.

Nebst dem Leckerli eine der schönsten Bestätigungen:

die Spielbelohnung! Mit dem schnellen „Cat-Dancer“

Clicker für ausnahmslos alle

Taub, blind, dick, dünn, schlechte Fresser, jung oder alt, Stubentiger oder Freigänger – das Clickertraining funktioniert mit allen Katzen. Ich kann mir allerdings lebhaft vorstellen, wie manche Leser nun enttäuscht das Buch zur Seite legen wollen mit den Worten: „Aber meine Katze locke ich mit Leckerli nicht hinter dem Ofen hervor.“ Bitte lesen Sie trotzdem weiter! Denn unter einem primären Verstärker, den wir ja benötigen, um ihn dann mit dem Clicker verstärken zu können, versteht man nicht zwangsläufig ausschließlich Fressen. Es ist alles, was für eine Katze eine echte, direkte Belohnung ist. Das kann also geradeso gut ein Spiel mit dem absolut favorisierten Spielzeug sein, aber auch Streicheln und liebevolle Worte für kleine liebeshungrige Tiger. Wichtig ist: Lassen Sie das heiß geliebte Spielzeug anschließend in einer Schublade verschwinden, sodass es seinen Reiz behält. Und setzen Sie jeder Schmusestunde eine winzige Clickerübung voraus, sodass für die Katze klar ist, dass das Streicheln die Belohnung ist.

In diesen Ausführungen ist der Einfachheit halber von Leckerli oder Belohnung die Rede. Aber

macht das Riesenspaß!

Natürlich muss die Katze am Ende des Spiels gewinnen!

auch wenn Sie eine Katze haben, die sich gerne mit Futter belohnen lässt, kann es durchaus Situationen geben, in denen ein ausgelassenes Spiel die größere Belohnung darstellt. Was immer die Wirkung des Clickers unterstreicht, was immer die Katze gerade am liebsten mag, ist als primärer Verstärker geeignet.

Dann werden sicher einige Stimmen unter Ihnen laut, die einwenden, dass die Katze aber doch bitte schön vom Clickern bei so viel Leckerli dick werden könnte. Auch dazu möchte ich ein paar Gedanken anbringen. Ich frage mich immer wieder, wo die Idee herkommt, dass Katzen immer und uneingeschränkt Zugang zu ihrem Futter haben sollen. Viele mäkelige Fresser würden einen weitaus besseren Appetit an den Tag legen, wenn sie nicht tagein, tagaus mit einem Überangebot an Nahrung nahezu penetriert würden. Freigängern kann man einen wunderbaren Heimkehrrhythmus antrainieren, wenn es feste Fütterungszeiten gibt. (Natürlich kommt die Katze deswegen nicht immer und jeden Tag pünktlich heim, aber … immer öfter!) Und so manche Katze, die sich zu jeder Tages- und Nachtzeit in Selbstbedienung mit Futter versorgen kann, hat diesen Luxus schon mit Harn- und Blasenpro-

„Rechtes Pfötchen heben"

„Linkes Pfötchen heben"

„Gib mir fünf"
Anima ist die „Pfötchenspezialistin" und nimmt mit diversen Übungen wöchentlich 40 Gramm ab. Mehr als ein Pfund hat sie bereits auf diese Art abgespeckt.

blemen teuer bezahlen müssen. Denn der Stoffwechsel der Katze braucht zwischendurch auch mal eine Pause, um wieder in Ruheposition zu gelangen. Während der Nahrungsaufnahme ist der Katzenurin alkalischer. Saurer Urin ist aber sehr wichtig, denn er trägt dazu bei, dass Harnsteine aufgelöst werden können. Hat die Katze also immer frei zugänglich etwas zu knabbern, wird der Urin nie sauer, sondern bleibt alkalisch und fördert damit das Entstehen entsprechender Krankheiten.

Wir vergessen allzu oft, dass unsere Katzen noch immer das Erbe der Falbkatze in sich tragen. Sie sind es als Ansitzjäger gewohnt, Stunde um Stunde vor dem Mauseloch zu warten, bis endlich der Zeitpunkt des Zugriffs kommt. Und da soll es der Katze nicht möglich sein, bei uns zu Hause zu warten, bis Essenszeit ist? Verwilderte Katzen kennen nichts anderes, als dass für einen gefüllten Magen zuerst einmal Leistung erbracht werden muss. Warum also verdammen wir unsere Katzen zum Nichtstun? Lassen Sie Ihre Katze sich ihr Futter „erarbeiten", und Sie vertiefen ihre Beziehung.

Voraussetzung für das Training mit dem Clicker ist natürlich, dass Sie sich vom herkömmlichen Betteln um Futter nicht länger erweichen lassen. Für jeden Click (und die nachfolgende Belohnung) ist ab sofort eine kleine Gegenleistung der Katze zu erbringen. Ganz ohne Konsequenz unsererseits funktioniert's halt auch beim Clickertraining nicht. Ich weiß, dass Sie nach diesem einen „Sitz" nicht das Gefühl haben werden, dass Ihre Katze etwas dazugelernt hat. Aber sie hat, ich verspreche es Ihnen! Es ist für Katzen sehr spannend, wenn sie feststellen, dass sie durch ihr eigenes Tun einen Einfluss auf unser Handeln nehmen können. Sie werden feststellen, dass Ihr Tier ausgeglichener, wacher und weniger gelangweilt ist. Ich kann Ihnen aus meiner Praxis versichern, dass Langeweile eine sehr häufige Ursache für das Entstehen von Verhaltensproblemen bei Katzen ist. Sie werden an späterer Stelle noch lesen, wie man dem mit Hilfe des Clickers – oder anders gesagt: indem Katzen Aufgaben bekommen! – entgegenwirken kann.

Oder gehören Sie zu den Katzenbesitzern, deren Schnurrgenerator bereits mehr oder wenig Übergewicht hat? Dann haben Sie bestimmt schon viele Diäten vergeblich ausprobiert? Mmmh, kenn ich! Dann beginnen Sie einfach heute, hier und jetzt damit, Ihre Katze schlank zu clickern! Dadurch, dass sich die Katze die Futterbrocken einzeln „verdient", dauert die Fütterung etwas länger, jeder Brocken ist wertvoller und man kann auf diese Weise die Gesamtmenge herrlich unbemerkt verringern. (Bitte nicht zu ehrgeizig werden! Beim gesunden, dauerhaften Abspecken darf die Katze nicht mehr als 100 Gramm pro Woche abnehmen!)

Auch taube Katzen sind vom Clickertraining keineswegs ausgeschlossen! Der primäre Verstärker bleibt sich gleich. Das ist das Futter, die Streicheleinheit oder das Spiel. Als sekundärer Verstärker verwenden Sie einfach eine kleine Taschenlampe (optischer Verstärker) statt des Clickers (akustischer Verstärker). Und statt einer verbalen Aufforderung geben Sie der Katze ein Sichtzeichen, wie zum Beispiel den Zeigefinger der linken Hand erheben, um der Katze „Mach Sitz" zu signalisieren. Gerade taube Katzen sind wahre Meister im Interpretieren von Körpersignalen.

Blinden Katzen kann man mit dem Clicker ebenso aufgrund spontan gezeigten Verhaltens einiges beibringen. Im Kapitel „Das Targeting" ist nachzulesen, wie Sie Ihr blindes Kätzchen lehren, einen Zeigestock zu berühren und dem zu folgen, sodass Sie es auf einfache Weise führen und leiten können.

Junge Katzen sind auf ganz natürliche Weise neugierig und lernbegierig. Sie können schon von klein auf Clickertraining absolvieren. Es braucht nur etwas Verständnis dafür, dass die Ablenkbarkeit noch sehr groß ist und das Jungkätzchen womöglich eine Sitzung unterbricht, weil ein Blatt vorbeifliegt oder eine Fliege an der Fensterscheibe surrt.

Für alte Katzen, die nicht selten darunter leiden, dass ihre Leistungsfähigkeit nachlässt, ist die Arbeit mit dem Clicker ein fantastisches Mittel, um auch ihnen noch Erfolgserlebnisse und Bestätigung zu verschaffen. Auch wenn eine Katze den Clicker erst im Alter kennen lernt – es ist nie zu spät!

Muss es denn ein Clicker sein?

Nein, eigentlich nicht. Da wir aber bereits gelernt haben, wie wichtig der zeitliche Aspekt ist, müssen wir sehr, sehr schnell reagieren können. Der Clicker verursacht ein kurzes, sehr prägnantes Geräusch und ist daher einfach bestens geeignet. Wichtig ist natürlich auch, dass es sich bei diesem Geräusch, das wir als Sekundärverstärker einsetzen möchten, nicht um einen Klang handelt, der im alltäglichen

Ein herkömmlicher Clicker, wie er in allen Tierhandlungen erhältlich ist.

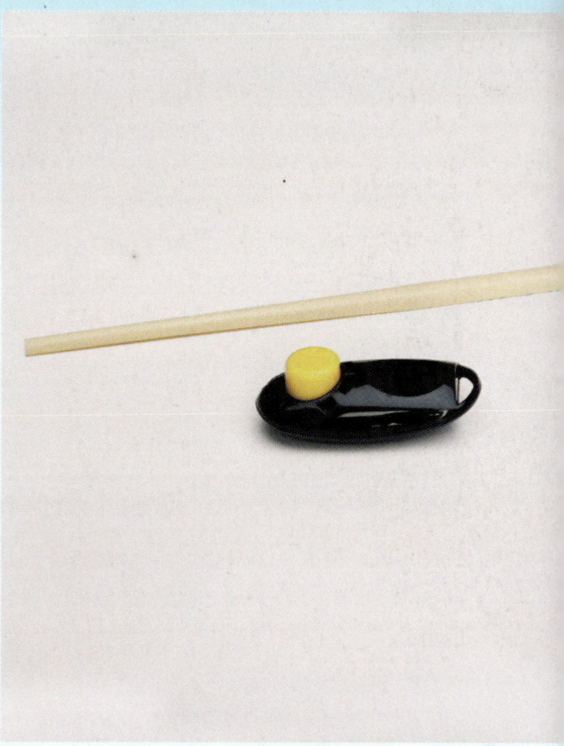

Die etwas neuere Generation von Clicker hat einen Betätigungsknopf, der exaktes Timing erlaubt.

Leben ständig vorkommt. Der Click soll ja in unserem Training Signalcharakter haben! Verwenden wir statt des Clicks zum Beispiel Wörter wie „Gut!", „Super!", „Jawohl", dann können wir nicht ausschließen, dass diese Wörter auch in anderem Zusammenhang vorkommen, die das Training mit der Katze überhaupt nicht betreffen.

Es gibt zahlreiche Ausführungen eines Clickers: ein Kunststoffkästchen mit einer Metallplatte darin, die beim Drücken das typische Klickgeräusch verursacht, oder den alten Metallknackfrosch, wie wir ihn aus unseren Kindertagen kennen. Es gibt dekorative Holzmodelle und Drei-Ton-Clicker, die verstellbar sind und in jeder Stufe einen etwas anderen Ton abgeben. Für welches Modell Sie sich entscheiden, ist eigentlich egal. Wichtig ist, dass das ausgelöste Geräusch dem Tier keine Angst bereitet. Ist Ihre Katze zum Beispiel extrem geräuschempfindlich, so empfehle ich, zu Beginn einfach das Klicken eines Kugelschreibers einzusetzen. Ich habe Katzen in Therapie, deren „Clicker" aus dem raschen Klopfen mit dem Finger auf die Tischplatte besteht. Welchen Clicker Sie sich auch auswählen: Das Geräusch muss kurz, schnell und außergewöhnlich sein.

Erste Schritte:

Spontanes Verhalten bestätigen und benennen

„Sitz"

Nachdem Sie Ihre Katze nun bereits erfolgreich auf den Clicker konditioniert haben, beginnen wir damit, spontanes Verhalten des Tiers zu bestätigen. Nehmen wir folgende Situation: Es ist Fressenszeit und Ihre Katze zeigt Hunger. Eine super Gelegenheit, der Samtpfote das „Sitz" beizubringen! Stellen Sie die Mahlzeit parat, nehmen den Clicker zur Hand und warten ab, was Ihre Katze tut. Sie wird Ihnen um die Beine schmeicheln, fragend zu Ihnen aufschauen: „Was ist? Gibt's jetzt endlich was zu essen?" Vielleicht wird sie miauen oder auf den Hinterbeinen an Ihnen hochstehen. Bitte sagen Sie kein Wort und starren Sie die Katze nicht an. Warten Sie einfach geduldig ab. Es ist sehr wichtig, dass Sie nun wirklich nicht reden und somit überflüssige Signale weglassen. Wozu wollten Sie nun auch „Sitz“ sagen? Die Katze versteht diese Aufforderungen ohnehin noch nicht, muss sie doch erst deren Bedeutung lernen. Irgendwann wird sich Ihr Liebling – vermutlich mit empörtem Blick – vor Sie hinsetzen. Das ist genau der Moment, in dem Sie clicken müssen! Nämlich in dem Moment, in dem die Katze die Handlung des Sich-Setzens ausführt! Lassen Sie dem Click innerhalb einer halben Sekunde eine Belohnung folgen. Bei diesem ersten Schritt ist der Ablauf also:

➤ Handlung Setzen + gleichzeitig Click > Belohnung

Nun sitzt die Katze also erwartungsvoll vor Ihnen. Machen Sie ein, zwei Schritte zur Seite, um die Katze dazu zu veranlassen aufzustehen und die eingenommene Sitz-Position wieder zu verlassen. Warten Sie. Sobald die Katze in der Bewegung ist, sich erneut zu setzen, clicken Sie wieder und geben ihr eine Belohnung. Mit etwas Glück können Sie diesen Ablauf noch ein paar Mal wiederholen. Beenden Sie die Übung mit einem „Jackpot“, nämlich indem Sie der Katze den Rest der Mahlzeit wie üblich in ihrem Fressnapf auf den Boden stellen. Sie werden auch bei dieser kleinen Übung bereits nach wenigen Wiederholungen feststellen, dass die Katze verstanden hat und sich erwartungsvoll vor Sie hinsetzt. Erst jetzt, wenn die Katze weiß, was Sie erwarten, ist der Zeitpunkt gekommen, dem Ganzen einen Namen zu geben.

Das sieht dann in der Praxis so aus: Mauzerl kommt in die Küche geschlendert, um sich sein Abendessen zu holen. Sie sind bestens mit Futter und Clicker vorbereitet und während die Katze im Begriff ist, sich zu setzen, fordern Sie sie nun freundlich auf: „Mauzerl, sitz!“ In dem Moment, in dem die Katze sitzt, clicken Sie (der Click beendet die Handlung!) und lassen schnell die Belohnung folgen. Bravo! Sie haben Ihrer Katze das „Sitz“ beigebracht! Nun ist der Ablauf:

➤ Handlung Setzen + gleichzeitig Befehl > Handlung Abschluss + Click > Belohnung

Es kann möglich sein, wenn Sie beispielsweise diese Übung im Wohnzimmer gemacht haben, dass Ihre Katze nach dem Click schnellstens davonrennt und sich in die Küche begibt. Das macht nichts. Sie hat verstanden, dass dem Click ein Leckerli folgt. Und aus Gewohnheit rennt sie eben in die Küche. Denn bisher gab es jedes Fressen dort. Folgen Sie ihr und geben Sie ihr ihre wohlverdiente Belohnung.

Später, nach einiger Routine, geben Sie die Aufforderung „Sitz“ dann, bevor die Katze sich setzt. Ab dem Moment, in dem diese Aufforderung definitiv zugefügt wurde, verstanden und ausgeführt wird, ist es wichtig, dass Sie nur noch das Sitzen clicken, wozu Sie die Katze aufgefordert haben und nicht länger das Sitzen, das die Katze zufällig oder ohne Ihre Aufforderung macht. Somit wird der „Befehl“, das Wort „Sitz“, nämlich genauso zur Belohnung wie der Click und das Leckerli. Der Ablauf ist am Ende:

➤ Aufforderung „Sitz“ > Handlung der Katze > Click > Belohnung

Wenn es Ihr Ziel ist, dass die Katze das „Sitz“ überall und nicht nur an einem bestimmten Ort ausführen kann, brauchen Sie diese Übung nun nur noch an verschiedenen Orten (in der Küche, im Wohnzimmer, auf dem Balkon und so weiter) zu wiederholen. Und ich wette, Sie haben dafür höchstens zwei, drei Tage gebraucht!

Haben Sie die Katze mit einem Wort trainiert, das sich im Nachhinein als unpraktisch erweist, weil es zu Verwechslungen führt oder im normalen Sprachgebrauch zu oft genutzt wird (wie zum Beispiel das Wort „komm"), und Sie möchten dies nachträglich ändern, ist es erforderlich, dass Sie den neuen Befehl immer vor dem bisherigen Befehl sagen, so lange, bis der neue (zum Beispiel „Hier") Routine geworden ist und Sie den alten („Komm") weglassen können.

➤ Aufforderung „Hier" > Aufforderung „Komm" > Handlung der Katze > Click > Belohnung

Alle Handlungen, die Ihre Katze ohnehin aus freien Stücken zeigt, können Sie auf diese Weise gezielt trainieren, indem Sie deren zufällige Ausführung immer wieder bestätigen und dann, nachdem die Katze verstanden hat, was erwünscht ist, der Aktion einen Namen geben. Das kann zum Beispiel sein: „Liegen", „Steh", Spring hoch" (vielleicht auf einen Stuhl?), Spring runter" (vom verbotenen Stubentisch?), „Rollen", „Fang" (die Fellmaus oder den Tischtennisball) oder auch „Rufen", indem Sie das Miauen der Katze bestätigen. Gerade bei Freigängern finde ich es sehr praktisch, wenn Katzen gelernt haben, akustisch zu antworten. Stellen Sie sich vor, Ihr kleiner Zigeuner kommt nicht pünktlich heim und Sie machen sich auf die Suche. Viele Katzen sitzen eingesperrt in Kellern oder Garagen und lauschen stumm dem Rufen ihres suchenden Menschen. Wie hilfreich, wenn dann ein Miauen zu hören ist und man den kleinen Draufgänger schneller findet.

Es ist wichtig, dass Sie vor lauter Freude an Ihren Erfolgen nicht zu ehrgeizig werden. Gehen Sie den nächsten Schritt erst an, wenn die Katze den vorherigen wirklich hundertprozentig verstanden hat. Sonst enden die Übungen für beide Teile – Mensch und Tier – im Frust und der Spaß geht verloren.

„Rollen"

Einige Handlungen, wie zum Beispiel das „Rollen", bei dem sich die Katze auf dem Rücken wälzt, werden von der Katze zwar spontan, aber nur in sehr bestimmten Situationen gezeigt. Also beispielsweise wenn sie sehr entspannt ist. Um diese Handlung zu fördern, ist es natürlich unerlässlich, dass Sie den Clicker praktisch stets zur Hand (vielleicht in der Hosentasche) haben, damit Sie schnell genug reagieren können. Wenn Ihre Katze richtig auf den Clicker konditioniert wurde, ist es dann auch nicht mehr schlimm, wenn Sie nach dem Click erst einmal in die Küche gehen müssen, um eine Belohnung zu holen. Die Einhaltung der halben Sekunde zwischen Click und Belohnung ist nur zu Beginn – also bei der Konditionierung – unabdingbar. Danach erlangt das Clickergeräusch selbst für das Tier den gleichen Stellenwert wie die folgende Belohnung.

„Liegen“

Möchten Sie Ihre Katze das „Liegen“ lehren, so clicken Sie zu Beginn bereits den kleinsten Ansatz dieses Verhalten. Nehmen wir an, Ihre Katze hat das „Sitz“ gelernt und wartet nun auf Click und Leckerli. Da Katzen durchaus beharrlich sind, wird sie sich, wenn die erwartete Bestätigung nicht folgt, früher oder später mit trotziger Miene zusammenkauern – „Click“! Diese Bewegung des Zusammenkauerns geht in die Richtung des Liegens, also clicken Sie. Definieren Sie für sich ganz klar, was „Liegen“ ist. Die Katze befindet sich auf dem Boden (oder auf dem Stuhl), wobei ihr Bauch den Untergrund berührt, die Hinterbeine sind unter dem Körper und die Vorderpfoten zumeist mehr oder minder vor ihr ausgestreckt. Das Kauern ist also der Weg zum Liegen. Und daher erfolgt eine Bestätigung. Die Katze kauert ja nur, weil sie wartet und vielleicht ein wenig frustriert ist, denn das Sitzen hat ihr keinen Click eingebracht. Wenn sie erst erkennt, dass nun das Kauern eine Bestätigung einbringt, wird sie sich freiwillig hinlegen und schon sind wir da, wo wir hin wollten: beim „Liegen“.

Mit einem Leckerli, das man langsam am Boden von der Katze weg bewegt, werden erste Ansätze des „Liegens“ bestätigt.

Im zweiten Schritt wird bereits eine kauernde Stellung eingenommen ...

... und am Ende der Übung klappt dann auch das „Liegen“.

Sie können auch zwei verschiedene Verhaltensweisen zur gleichen Zeit trainieren. Bei vielen Katzen ist dies sogar erforderlich, weil sie sehr schnell lernen und sich ebenso rasch zu langweilen beginnen. Achten Sie aber darauf, dass sich die Handlungen stark voneinander unterscheiden, um Ihre Katze nicht in eine ungewollte Richtung zu manövrieren. So empfehle ich, nie „Sitz" und „Liegen" gleichzeitig zu trainieren. Das Resultat könnte sein, dass Ihre Katze meint, sie solle nur noch sitzen oder liegen, sodass sie sich praktisch nicht mehr bewegt. Oder im umgekehrten Fall, wenn Sie nie eine Übung clicken, die eine Ruheposition zum Ziel hat, sondern immer nur eine Aktion, könnte die Katze mit der Zeit hyperaktiv reagieren. Eine ruhige Übung – wie zum Beispiel das Sitzen – kombiniert mit einer Aktionsübung – wie das „Spring hoch" – gleichzeitig zu erarbeiten wäre demnach optimal.

Orte wechseln

Die Katze lernt durch Verknüpfung von Gleichzeitigkeiten. Daher ist es für eine richtige Festigung von erlernten Handlungen wichtig, dass sie an verschiedenen Orten immer wieder wiederholt werden. Denn auch der Ort der Handlung wird in die Verknüpfung mit einbezogen. So kann es vorkommen, dass Ihre Katze den Begriff „Sitz" ausschließlich im Wohnzimmer ausführen kann, wenn er immer nur dort trainiert wurde. Daher ist es wichtig, die Übungen an verschiedenen Orten der Wohnung zu machen. Je besser die Katze eine Handlung beherrscht, desto größer darf dann auch die äußere Ablenkung werden, also auf dem Balkon, im Garten oder am Abend, wenn Besuch da ist. Gönnerhaft wird Ihre Supermieze vorführen, wie toll Sie gelernt haben, im richtigen Moment zu clickern!

Operante Konditionierung

Mit dem Vorigen haben wir gerade die zweite grundlegende Lernmethode für das Clickertraining erarbeitet – die operante (oder auch instrumentelle) Konditionierung. Dieses Lernprinzip gilt wiederum für alle Wirbeltiere und wurde von dem amerikanischen Psychologen Burrhus Frederik Skinner (1904–1990) erforscht. Was so kompliziert klingt, ist in der Praxis ganz einfach:

Die Katze lernt, dass sie durch ihr Verhalten einen Einfluss auf das hat, was als Nächstes geschehen wird. Sie kann demnach positive Konsequenzen (Futter, Streicheln oder Spiel) durch ihr eigenes Verhalten herbeiführen, aber auch negative Konsequenzen (zum Beispiel Nichtbeachtung oder ignoriert zu werden) vermeiden. Wenn wir davon reden, dass ein Verhalten „verstärkt“ wird, meinen wir damit, dass es vermehrt gezeigt wird.

Beispielsweise, indem sich die Katze hinsetzt, kann sie bewirken, dass sie einen Click und ein Leckerli erhält. Setzt sie sich nicht, bekommt sie auch nichts. Sobald die Katze verstanden hat, dass sie selbst Einfluss darauf nehmen kann, ob sie ein Leckerli bekommt oder nicht, wird sie die Handlung, die sie ausführen muss, um eines zu bekommen (in unserem Fall das „Sitz“), vermehrt ausführen.

Um Ihnen dieses Lernprinzip noch etwas deutlicher zu machen, hier ein Beispiel, das viele Katzenbesitzer zur Genüge kennen: Ihre Katze weckt Sie jeden Morgen um sechs Uhr mit lautem Geschrei, weil sie Hunger hat. Sie haben die Erfahrung gemacht, dass die Katze nicht damit aufhört, bis Sie aufgestanden sind und ihr was zu fressen gegeben haben. Also quälen Sie sich aus dem Bett, trotten schlaftrunken in die Küche und füllen brav den leeren Fressnapf. Sie sind also wunderbar von Ihrer Katze operant konditioniert worden! (Falls Sie sich von diesem Beispiel persönlich betroffen fühlen – weiter unten im Abschnitt „Bleib“ gibt es einen Lösungsvorschlag.)

Shaping – das Formen des Verhaltens

Ihre Katze macht nun „Sitz“ oder das „Liegen“, was einige Ihrer Bekannten außerordentlich verblüffen und so manchen Hundehalter unter ihnen vor Neid erblassen lassen wird. Sie können mit Recht stolz sein. Aber nun möchten Sie gerne, dass Ihre Katze das „Liegen – Bleib“ lernt. Sie soll sich also nicht nur hinlegen, sondern auch liegen bleiben und nicht sofort wieder aufstehen. Wir erreichen dies mittels Shaping. Shaping bedeutet, dass man ein Verhalten formt, oder anders gesagt: Nur die beste Ausführung eines Verhaltens wird belohnt. Die Kriterien dazu legt man vorher für sich selbst fest. Dazu brauchen Sie nun noch ein paar Informationen:

Der Click ist das Signal, das eine Handlung beendet. Das ist sehr wichtig! Bisher haben wir mit dem Click die gerade vor sich gehende Handlung beendet und es folgte sofort die Belohnung. Wollen wir nun dieses gewünschte Verhalten formen unter dem Kriterium, dass die Katze sich hinlegen und länger liegen bleiben soll, so darf der Click die Handlung also erst später beenden.

„Bleib"

Beginnen Sie mit der gewohnten „Liegen"-Übung. Beobachten Sie dabei, wie lange die Katze nach dem Click von alleine liegen bleibt, indem Sie leise für sich mitzählen. Nehmen wir an, dass sie im Schnitt vier Sekunden lang liegen bleibt, bevor sie wieder aufsteht. Nun haben wir also einen Ausgangswert. Vier Sekunden ist der Ist-Zustand. Wenn Sie nun das nächste Mal die „Liegen"-Übung machen, wissen Sie, dass Ihre Katze höchstwahrscheinlich nach vier Sekunden aufstehen wird. Fordern Sie die Katze auf, sich hinzulegen, doch nun zählen Sie von dem Moment an, in dem die Katze im Begriff ist, sich zu legen, leise mit und clicken erst nach drei Sekunden. Lassen Sie sofort die Belohnung folgen. Wir haben ganz bewusst den Ausgangswert auf drei Sekunden heruntergesetzt, denn zum einen handelt es sich nur um einen Schätzwert und zum anderen müssen wir unsere eigene Reaktionszeit auch noch einkalkulieren. Wichtig ist, dass die Katze ihren Click erhält, solange sie noch liegt. Falsch wäre, die Katze in dem Moment zu clicken, in dem sie bereits wieder dabei ist aufzustehen. Sollten Sie den Moment verpasst haben, so clicken Sie bitte nicht „sicherheitshalber" hinterher. Halten Sie die Katze nicht fest und schreien Sie nicht: „Halt! Nein! Bleib liegen!" Beginnen Sie einfach ganz von vorne – jetzt gleich oder auch erst in ein paar Stunden, Sie haben ein Katzenleben lang Zeit!

Ist es Ihnen gelungen, erst nach drei Sekunden zu clicken, während die Katze noch lag, dann versuchen Sie bei der nächsten Übung den Click vier Sekunden herauszuzögern. Am nächsten Tag fünf Sekunden, dann sieben Sekunden, zehn Sekunden und so weiter. Bitte rechnen Sie diese Zahl jetzt nicht hoch! Sobald nämlich die Katze verstanden hat, dass sie einfach nur zu liegen und zu warten hat, bis der Click und das Leckerli kommt, werden Sie die Zeit im „Bleib" mit großen Schritten steigern können. Sollten Sie feststellen, dass Ihre Katze nie abwarten kann und immer zu früh aufsteht, so ist das ein untrügliches Zeichen dafür, dass Sie zu schnell zu viel von ihr erwartet haben! Dann gehen Sie mit der Übung an die Stelle zurück, die noch einwandfrei geklappt hat, und steigern erneut in kleineren Schritten weiter.

Sie können diese Übung überall in der Wohnung machen oder aber an einem bestimmten Ort, wenn Sie zum Beispiel möchten, dass Ihre Katze nicht mehr am Tisch bettelt, sondern während der Menschenmahlzeiten brav an einem Ort liegen bleibt, bis Sie fertig sind, damit sie dann ihren Click und das Leckerli bekommt. Oder Sie möchten Ihrem ungestümen Zappelkater beibringen, ruhig liegen zu bleiben und zu warten, bis Sie ihm das Halsband angezogen haben, damit er in seinen täglichen Ausgang darf. Dann wäre der Ablauf: Aufforderung „Liegen – Bleib" > Halsband anziehen > Click und Belohnung. Die Belohnung wird in diesem Fall unter Umständen kein Leckerli sein, sondern das Entriegeln der Katzenklappe. Für einen Kater, der sich ungeduldig auf seinen Spaziergang freut, ist das mindestens genau so viel wert.

Sind Sie einer dieser unfreiwilligen Frühaufsteher, weil Ihre Katze Sie jeden Morgen vehement aus den Federn holt? Ab sofort bekommt das Kätzchen nur noch sein Futter, wenn es an einem bestimmten Ort, beispielsweise auf einem Hocker oder Stuhl in der Küche, sitzt. Shapen (oder formen) Sie dieses Verhalten nun auf die Dauer des Sitzenbleibens. Wieder verfahren Sie wie oben beschrieben in ganz winzig kleinen Schritten. Die Katze lernt also: Nur wenn ich auf diesem Hocker sitze, bekomme ich etwas zu fressen. Ich empfehle Ihnen sogar, die Kriterien noch konkreter festzulegen: Nur wenn die Katze ruhig, ohne zu miauen auf dem Hocker sitzt, bekommt sie etwas zu essen! Nun müssen Sie nur noch sehr konsequent sein und Ihrer Katze nie mehr, aber wirklich nie mehr (!) nachgeben, solange sie maulend ans Bett kommt! Es braucht Ihrerseits etwas Geduld und immer ein bisschen mehr Konsequenz, als die Katze selbst zeigt – aber es zahlt sich aus.

Welches Verhalten Sie auch shapen, also formen wollen, es sollte immer nur ein Kriterium auf einmal sein! Definieren Sie vorher für sich selbst ganz klar, was Sie von Ihrem Tier wollen. Nur wenn Sie selbst genau wissen, was Sie trainieren wollen, kann die Katze Sie auch genau verstehen lernen!

Schnelle Ausführung

Wenn Sie nun also die Idee haben, dass Ihre Katze sitzen soll, sitzen bleiben soll, aber sie soll sich außerdem auch noch sehr schnell hinsetzen, so sind das drei verschiedene Kriterien.

Beginnen Sie mit dem Kriterium, dass die Katze sich schnell setzen soll, nach der oben beschriebenen Vorgehensweise. Sie beobachten also zuerst, wie lange die Katze normalerweise braucht, bis sie sitzt. Geben Sie die Aufforderung und zählen von nun an leise mit, bis das Kätzchen definitiv sitzt. So erzielen Sie den Ist-Wert und ab sofort clicken Sie nur noch die Ausführungen, die schneller sind als dieser Wert.

Ein Tipp: Immer, wenn es Ihnen darum geht, eine schnelle Ausführung einer Handlung zu erreichen, sollten Sie dieses Kriterium bereits sehr früh integrieren. Schnelligkeit erst im Nachhinein zu trainieren ist sehr schwierig, denn die Katze hat ja bereits gelernt, dass sie, egal ob sie sich schnell oder langsam hinlegt, einen Click erhält.

Nachdem Sie wie oben beschrieben Ihr Kätzchen das Sitzen und das Sich-schnell-Setzen gelehrt haben, konzentrieren Sie sich also rein auf das Kriterium „sitzen bleiben“. Dabei können Sie ruhig das schnelle Hinsetzen etwas vernachlässigen. Das Erlernte geht so schnell nicht verloren. Sie belohnen also wiederum immer das beste „Sitzenbleiben“. Nachdem die Katze dies erlernt hat, fügen Sie die einzelnen Kriterien zusammen. Dann erst wird der komplette Ablauf geclickt: schnell setzen und sitzen bleiben. Ebenso verfahren Sie, wenn Sie auf das Kriterium des Ortes shapen wollen. Zuerst wird das freiwillige oder im Ansatz gezeigte Sitzen geclickt, später das gezielte Sitzen auf Befehl und dann nur noch das Sitzen an dem von Ihnen auserkorenen Ort.

Körperpflege und andere Unannehmlichkeiten

Mit der Shaping-Methode können Sie Ihrer Katze außerdem beibringen, das Kämmen und Bürsten zu dulden. Beginnen Sie damit, die

Katze für eine leichte Berührung mit der Hand am Rücken zu clicken. Dabei sollte die Katze sitzen oder liegen und kein Misstrauen zeigen. Steigern Sie, indem Sie nun eine Bürste oder einen Kamm nehmen, diese der Katze zuerst zeigen und dann mit der Rückseite (Borsten beziehungsweise Kammzinken nach oben) den Rücken der Katze kurz berühren. Jede Berüh-

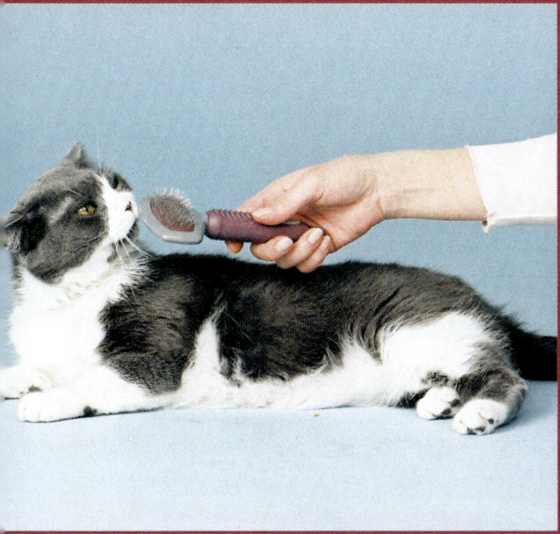

Langsame Gewöhnung an die Körperpflege mit der Rückseite der Bürste

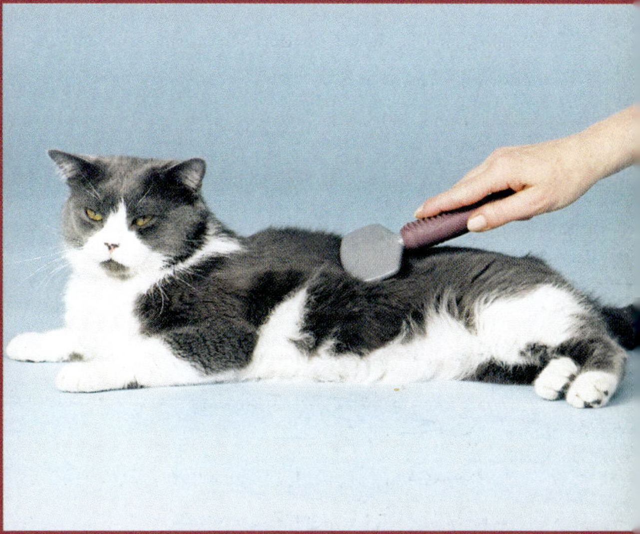

Schritt für Schritt antrainiert kann man das Bürsten dann auch unbeschwert genießen.

Auf die gleiche Art hat Mogli das Halsband kennen gelernt.

Wenn ein toller Ausflug die Belohnung ist, ist das Brustgeschirr gar nicht so unangenehm!

rung quittieren Sie mit einem Click und einer Belohnung. Fahren Sie in weiteren Übungen mit der Bürsten- oder Kammrückseite Stückchen für Stückchen immer weiter sanft über die Katze. Sobald die Katze ruhig sitzen bleibt und Sie mehrmals hintereinander mit der Rückseite über ihr Fell fahren können, beginnen Sie die gleiche Übung mit der Borsten- beziehungsweise Zinkenseite. Zuerst nur eine Berührung, dann steigern Sie wieder Schritt für Schritt vom einfachen Berühren bis hin zum Durchbürsten oder -kämmen. Am Ende bekommt die Katze erst den Click, wenn sie fertig gepflegt ist. Empfindliche Körperteile muss man dabei separat angehen und schrittweise wie oben beschrieben das Akzeptieren der kleinsten Berührung bestätigen.

Ebenso verfährt man beim Krallenschneiden. Tippen Sie das Pfötchen leicht mit einem Finger an. Clicken Sie jede passive Reaktion der Katze. Achten Sie darauf, nicht zu clicken, wenn die Katze die Pfote wegzieht oder zu grollen beginnt. Steigern Sie, indem Sie Ihre Finger auf dem Katzenpfötchen für mehrere Sekunden liegen lassen. Nach und nach beginnen Sie nun, die Pfote in Ihre Hand zu nehmen und die Krallen leicht herauszudrücken. Clicken Sie jedes ruhige Dulden – bis hin zum Krallenschneiden. So folgt jeder geschnittenen Kralle ein Click und am Ende des Trainings clicken Sie erst, wenn ein Pfötchen komplett manikürt wurde.

Auf genau die gleiche Art können Katzen einfühlsam an das Tragen eines Halsbandes oder Brustgeschirrs gewöhnt werden oder akzeptieren lernen, sich hochheben und tragen zu lassen.

Keine Fehler einschleichen lassen

Um bereits im Vorfeld zu vermeiden, dass sich Fehler einschleichen und Sie selbst oder Ihre Katze den Spaß am Clickern verlieren, denken Sie bitte immer daran:

1. Erwarten Sie nicht zu schnell zu viel! Das optimale, vollendete Verhalten kann Ihr Tier nicht von Anfang an zeigen. Am Anfang wird jede Annäherung an das angestrebte Verhalten belohnt. Schritt für Schritt wird dann herausgeformt (shaping), wie die optimale Ausführung auszusehen hat. So sitzt die Katze am Anfang nicht auf Befehl. Wir nutzen schnell die Situation, in der die Katze von alleine sitzt, und bestätigen sie mit dem Clicker. Oder aber die Katze deutet an, dass sie vor hat sich zu setzen. Dann wird bereits dieser Ansatz geclickt.

Bei keiner anderen Lernmethode ist die Katze so frei zu tun, was sie möchte. Aber ausschließlich für Verhalten, das wir uns wünschen, erhält sie eine Bestätigung. Zeigt die Katze ein Verhalten, das wir nicht wünschen, wird dieses einfach ignoriert. Die Katze lernt rasch, dass es nur eine Belohnung gibt, wenn dem ein Click vorangegangen ist. Und sie lernt, dass sie durch ihr Verhalten Einfluss darauf nehmen kann, ob ein Click kommt oder nicht! Hat sie das erst einmal begriffen, wird sie immer öfter freiwillig all jene Verhaltensweisen zeigen, von denen sie aus Erfahrung gelernt hat, dass sie durch einen Click belohnt werden. Das sieht dann nach einiger Zeit recht experimentierfreudig aus, da die Katze nichts Negatives zu erwarten hat, sondern sich frei entfalten kann. So probiert sie aus: „Welches Verhalten möchtest du denn gerne sehen, damit ich einen Click und eine Belohnung bekomme?“ Es ist unschwer vorstellbar, dass solche Katzen kommunikationsfreudig, aufmerksam und aktiv sind. Und Sie sind nicht länger der Dosenöffner auf zwei Beinen, sondern der Ansprechpartner, der Freund, mit dem die Katze mit allen ihr zur Verfügung stehenden Mitteln kommunizieren kann! Einige Wissenschaftler (E. Hiby, E. Rooney, N. und J. Bradshaw) der Universität Bristol stellten im Jahre 2004 eine Studie vor, bei der die „positive Verstärkung“ im Gegensatz zur „Bestrafung“ im Rahmen der Hundeausbildung untersucht worden war. Die Ergebnisse sprechen für sich! Denn darin konnte ganz klar eine positive Beziehung zwischen Gehorsam und dem Gebrauch von Belohnungen dargestellt werden, wohingegen der Gebrauch von Bestrafung signifikant mit Problemverhalten assoziiert wurde, wie zum Beispiel Trennungsangst und Übererregbarkeit. So kann man sich durch menschliche Ungeduld auch Probleme selbst schaffen! Hunde und Katzen mögen in vielerlei Hinsicht verschieden sein. Jedoch sind sie es nicht in der Art, wie sie erzieherische Maßnahmen bewältigen. Positive Verstärkung ist und bleibt das Mittel der Wahl für schnelles, freudiges Lernen und unbefangene, auf Vertrauen basierende Mensch-Tier-Beziehungen.

2. Überdenken Sie jede Clicker-Übung, bevor Sie die Arbeit mit dem Tier beginnen. Zerlegen Sie jede Handlung in ihre Einzelteile und machen Sie sich einen Plan, welche Teilhandlung Sie üben möchten und was das Resultat sein soll. Vermischen Sie die einzelnen Kriterien nicht! Wollen Sie, dass ein Verhalten schnell ausgeführt wird, trainieren Sie dieses, bevor Sie weitere Kriterien einüben. Wenn Sie den Überblick verloren haben, ob die Katze nun schnell oder lange liegen soll, kann sie nicht mehr nachvollziehen, auf was Sie hinauswollen.

3. Bleiben Sie offen und flexibel! Angenommen, Sie haben sich vorgenommen, mit der Katze heute das Liegen zu üben und stattdessen bietet sie Ihnen jedes Mal die Pfote, dann nehmen Sie dieses neue Verhalten, das Ihnen die Katze anbietet, an und vertagen das Liegen auf ein andermal. Bitte geraten Sie nicht in Versuchung, die Katze hinunterzudrücken und sie so in eine liegende Position zu zwingen. Wenn Sie die „positive Verstärkung“ (also die Clickbestätigung bei erwünschtem Verhalten) mit einer „positiven Bestrafung“ (nämlich dem Hinzufügen von Zwang) kombinieren, erreichen Sie nur eins: Ihre Katze lernt, dass sie eben doch nicht frei handeln kann, dass der Click mit negativen Einwirkungen einhergeht, und so wird sie sich nicht mehr trauen zu experimentieren und auszuprobieren. Fazit ist dann, dass die Katze irgendwann gar nicht mehr bereit ist mitzumachen.

4. Hat die Katze nur die Belohnung im Auge, dann verstecken Sie diese (das Leckerli, die Spielfeder oder was auch immer) in der geschlossenen Hand, hinter dem Rücken oder greifen erst danach, nachdem Sie den Click gegeben haben. Das Tier soll sich auf die Handlung konzentrieren. Nur für die Ausführung erhält sie ein Leckerli. Das heißt: Für nichts gibt es nichts. Nicht das Leckerli beeinflusst die Handlung, sondern die Handlung beeinflusst, ob eine Belohnung erfolgt oder nicht!

Bei schwierigen neuen Übungen, oder auch bei sehr jungen Kätzchen, können Sie zu Beginn durchaus einmal Hilfestellung geben und ein Leckerli in die gewünschte Richtung rollen und die Katze so veranlassen, ihm zu folgen. Gewöhnen Sie sich aber bitte nicht an, die Katze mit dem Leckerli zu locken. Sie machen so nur vermeintlich Fortschritte. Im Endeffekt lehren Sie die Katze lediglich, dem Leckerli zu folgen, statt selbstständiges Ausprobieren und effektives Arbeiten mit dem Clicker zu fördern. Wenn Sie Schritt für Schritt mit dem Clicker arbeiten, können mit der Zeit die Leckerli reduziert werden. Das geht nicht, wenn Sie mit dem Leckerli locken. Kennzeichnend für das Locken mit dem Leckerli ist, dass es vor dem Click gezeigt wird. Der richtige Ablauf ist aber:
Zuerst der Click – dann die Belohnung!

5. Sobald Sie so weit sind, dass die Ausführung einer Handlung bestens klappt, und Sie dem Ganzen einen Namen gegeben haben – wie also „Sitz" –, achten Sie bitte darauf, dass Sie diese Aufforderung nur einmal sagen. Wiederholen Sie das Wort nicht zwei-, drei- oder viermal. Die Katze lernt dann nur, dass Sie alles mehrmals sagen. Fordern Sie die Katze auf, sich zu setzen. Setzt sie sich nicht, legen Sie den Clicker und die Belohnung zur Seite und laufen einfach davon. Ihr Kätzchen lernt nach dem Prinzip von „Erfolg und Irrtum". Und so merkt sie sich, dass sie nur diese eine Chance auf einen Click hat.

6. Da die Katze, wie wir wissen, alles, was gleichzeitig passiert, miteinander verknüpft, ist es wichtig zwischendurch zu kontrollieren, welche Reize respektive Signale sie mit einer antrainierten Handlung verbunden hat. Sind Sie sicher, dass es das Wort „Sitz" ist, worauf sie reagiert? Oder ist es doch eher eine Bewegung, die Sie jedes Mal unbewusst gemacht haben, wie zum Beispiel der Griff zum Leckerli? Bemühen Sie sich also darum, sich möglichst nicht zu bewegen, und fragen bei der Katze das „Sitz" ab. Versteht sie das Wort? Oder reagiert sie nun plötzlich nicht?

Bei tauben Katzen ist es sehr wichtig, wirklich immer die gleiche, markante Bewegung auszuführen. Sie vermeiden Missverständnisse und erhalten sich und dem Tier den Spaß am Lernen. Achten Sie auch darauf, ob die Katze vielleicht die Handlung des sich Setzens ihrerseits mit irgendetwas anderem verknüpft hat. Hat sie zum Beispiel zufälligerweise ein paar Mal immer genau in dem Moment den Kopf geschüttelt, wenn Sie geclickt haben, so kann es durchaus vorkommen, dass die Katze meint, die Übung laute: „Setz dich und schüttele den Kopf." Manchmal schleichen sich auf diesem Weg wirklich groteske Angewohnheiten ein und irgendwann fragt man sich, warum die Katze dies oder jenes tut. Beobachten Sie gut! Wenn alles richtig gelaufen ist, haben Sie folgendes Resultat: Ein Begriff beziehungsweise eine Aufforderung löst bei der Katze immer das gleiche Verhalten aus.

Die Katze zeigt das Verhalten ausnahmslos, wenn die Aufforderung ausdrücklich gegeben wurde. (Außer die Katze setzt sich, ohne dabei ein Leckerli anzustreben.)

Die Katze erhält lediglich einen Click und eineBelohnung, wenn auch wirklich eine Aufforderung gegeben wurde.

7. Sie erinnern sich an die erste Übung, in der ich Ihnen ausnahmsweise vorgeschlagen habe, einmal „ins Leere" zu clicken: Sie sollten die

Katze niemals mit dem Clicker locken oder rufen. Sie verschenken damit das Lehrinstrument Clicker! Es findet keine Konditionierung statt, denn es ist für Sie gar nicht kontrollierbar, was Sie gerade mit dem Click bestätigt haben. Angenommen, Ihre Katze ist im Freilauf und es wäre an der Zeit, nach Hause zu kommen. Wenn Sie sich nun vor die Haustüre stellen und clickernd locken, kann es sein, dass die Katze sich in dem Moment gerade vom Haus entfernt! Oder sie trinkt gerade wieder mal bei der netten, aber uneinsichtigen Dame von nebenan die eiskalte Milch, von der sie dann regelmäßig zu Hause Durchfall bekommt – und Sie haben ihre Katze dafür auch noch bestätigt!

8. Achten Sie von Anfang an darauf, dass die Katze trotz allen Feuereifers nicht grob Ihnen gegenüber wird. Dulden Sie nicht, dass die Katze Sie vor lauter Überschwang beißt oder haut, wenn sie das Leckerli entgegennimmt. Beenden Sie umgehend jedes Training, sobald die Katze sich Frechheiten Ihnen gegenüber herausnimmt. Denn auch dieses Verhalten festigt sich rascher, als Sie denken, und ist im Nachhinein nur sehr schwer wieder abzugewöhnen.

Komm nach Hause!

Haben Sie einen kleinen Vagabunden, der die täglichen Ausgangszeiten regelmäßig schamlos überschreitet? Sind Sie in Ihrer Nachbarschaft bereits bestens bekannt, weil Sie ständig auf der Suche nach Ihrem Zigeuner sind? Dann haben Sie zwei Möglichkeiten: Entweder legen Sie sich das Freigängerhalter-typische stählerne Nervenkostüm zu und lernen, es locker zu nehmen, oder aber Sie probieren, Ihrem Strolch beizubringen zu kommen, wenn Sie rufen. Unterstützend sind, wie bereits erwähnt, feste Fütterungszeiten sehr förderlich.

Beginnen Sie zu Hause in der Wohnung mit dem Bestätigen von spontanem Verhalten: Bemerken Sie, dass Ihre Katze gerade ohnehin dabei ist, sich Ihnen zu nähern, so rufen Sie ihren Namen und clicken einmal, während die Katze auf Sie zu läuft. Sobald sie bei Ihnen ist, geben Sie ihr eine Belohnung. Steigern Sie die Übung, indem Sie die Katze rufen – aber bitte nur einmal! Kommt die Katze nicht, verpasst sie eben die Belohnung. Kommt sie, so clicken Sie, während sie zu Ihnen kommt , einmal und geben wiederum ein Leckerli. Rufen Sie zu Beginn nicht, wenn die Wahrscheinlichkeit gering ist, dass die Katze kommen wird, zum Beispiel, weil sie gerade tief und friedlich schläft oder schnatternd hinter der Fensterscheibe die Vögel beobachtet. Wie bereits beschrieben, shapen Sie auf die Schnelligkeit der Ausführung. Steigern Sie nach und nach sowohl die Distanz, die das Kätzchen bis zu Ihnen zurückzulegen hat, als auch die Ablenkungen von außen.

Natürlich funktioniert das Ganze nur, wenn Sie sich angewöhnen, den Namen der Katze wirklich nur dann zu nennen, wenn Sie auch etwas von ihr wollen. Hört die Katze ihren Namen hundert Mal am Tag und nur zweimal davon haben Sie wirklich gerufen, dann müssten unsere Tiere schon hellseherische Fähigkeiten haben, um zu wissen, wann ihr Names als Rufen gilt" und wann nicht. Für alltägliche Plaudereien können Sie Ihrem Samtpfötchen einfach einen Kosenamen verpassen, der dann keinen Signalcharakter hat.

Pfötchengeben und Aufgaben im Haushalt

Mit dem Erlernen des Pfötchengebens setzen Sie den Grundstein für die Arbeit der Katze mit ihren Pfoten. So kann Ihre kleine pelzige Haushaltshilfe Schubladen schließen, je nach Beschaffenheit vielleicht auch öffnen, gut erreichbare Lichtschalter betätigen und vieles mehr lernen. All diese Übungen dienen primär dem Entgegenwirken von Langeweile und machen sowohl Mensch als auch Tier viel Spaß. Beginnen Sie mit der sitzenden Katze. Nehmen Sie ein Leckerli zur Hand und halten es der Katze vor die Nase. Sobald sie sich mit dem Kopf dem Leckerli nähert, gehen Sie mit der Hand ein wenig von der Katze weg und beschreiben langsam einen Viertelkreis um den Katzenkopf herum. Steht sie auf, um dem Leckerli zu folgen? Dann fordern Sie sie zunächst auf, wieder in die Sitzposition zu gehen, und probieren es erneut. Dadurch, dass die Katze dem

Beim „Hau den Lukas" muss das Stehaufmännchen einen ordentlichen Seitenhieb verpasst bekommen.

Hier übt Anima fleißig, einen in einem Karton eingesetzten Lichtschalter zu betätigen.

Leckerli mit dem Kopf folgt, gerät sie in eine leicht seitlich geneigte Position, bei der das gegenüberliegende Vorderbein ein wenig entlastet wird. Die kleinste Entlastung des Beines reicht um zu clicken. Nach und nach wird die Katze verstehen, dass der Click etwas mit der Entlastung beziehungsweise dem Anheben ihres Vorderbeines zu tun hat.

Draufgängerische Temperamente werden schnell versuchen, Ihre Hand mit dem Leckerli festzuhalten und danach zu hangeln. Auch das können Sie clicken! Denn das Kriterium zum Pfötchengeben bedeutet ja lediglich zunächst einmal, ein Vorderbein vom Boden abheben. Achten Sie aber von Anfang an darauf, dass Sie nur clicken, wenn die Krallen nicht ausgefahren sind! Wir wollen unseren Stubentiger ja keine Grobheiten antrainieren. Wie immer wird, sobald die Katze die Übung gut beherrscht, dem Click die Aufforderung vorangesetzt, die da heißen kann „Pfötchen" oder – wenn's ganz modern klingen soll: „Gib mir fünf." Hat die Katze auf diese Weise gelernt, nach Aufforderung mit ihren Pfoten tätig zu werden, können mannigfaltige Dinge eingeübt werden. In Spielwarengeschäften finden Sie in der Abteilung für Kleinkinder vieles, was auch Katzen bedienen können.

Lernt die Katze, einen Lichtschalter zu betätigen, so sollte man mit einem Schalter beginnen, der zunächst am Boden liegt. Sie können den Schalter in einen Karton einfassen und dann Stückchen für Stückchen diese Konstruktion zunächst an der Wand anlehnen, dann höher und höher hängen, bis Sie auf der Höhe des realer

Moses lässt sich den Hebelmechanismus des Leckerliautomaten erklären und vorführen.

Manchmal braucht es Geduld – und vielleicht auch ein eingehendes Gespräch –, um die Katze vom Mitmachen zu überzeugen.

Bereits beim ersten Versuch klappt's schon recht gut! Durch Shaping wird Moses nun lernen, den Hebel selbst herunterzudrücken und somit selbstständig den Leckerliauswurf zu betätigen.

Lichtschalters angelangt sind. Selbstverständlich muss der Lichtschalter irgendwie für die Katze erreichbar sein, zum Beispiel über eine Kommode oder ein Sofa. Sie sehen – eine Katze bringt so oder so Licht ins Leben.

Grobes Spiel und „ohne Krallen“

Das Beuteverhalten ist ein untrennbarer Bestandteil des Katzenspiels. Hier wird der Ernstfall geübt und alle dazugehörigen Bewegungen bis zur Perfektion geprobt. Somit ist klar, dass wir mit dem Spielzeug die Beute möglichst originalgetreu nachahmen müssen. Beute huscht davon, kauert sich in eine Ecke, wartet einen günstigen Moment zur Flucht ab, versteckt sich vor der lauernden Katze. Die Beute schlendert auch nicht gemütlich durch den Raum, sondern bewegt sich mit kurzen, schnellen Bewegungen von der Katze weg. All dies sollten Sie auch mit dem Spielzeug tun, damit es Ihrem Kätzchen so richtig Spaß bereitet. Bedrängen Sie die Katze bitte nicht mit dem Spielzeug. Ich habe nämlich auch noch nie beobachtet, dass meine Katze durch den Garten lief und von einer Maus angesprungen wurde.

Nun gibt es aber kleine Gauner, die trotz all unserer Bemühungen, richtig Jagd zu spielen, ausschließlich die menschliche Hand im Visier haben. Rüsten Sie sich also vor der Spielstunde mit einem Clicker aus. Lässt sich der kleine Raufbold nicht auf das angebotene Spiel mit der Spielangel ein, sondern belauert nur die Bewegungen Ihrer Hand, wird das Spiel umgehend abgebrochen. Nach ein paar Minuten können Sie einen erneuten Anlauf nehmen. Sind die Krallen gegen Sie gerichtet? – Kommentarloser Spielabbruch. Beginnt die Katze, sich auf das angebotene Spiel (-zeug) zu konzentrieren, erhält sie einen Click. Diesem folgt dann ein ausgelassenes Spiel als Belohnung.

Auf die gleiche Weise können Sie auf jede Aktion der Katze reagieren, bei der sie meint, sich Grobheiten Ihnen gegenüber herausnehmen zu können. Sobald die Krallen ausgefahren sind, beenden Sie jegliche Interaktion. Jede Handlung ohne Krallen bestätigen Sie mit einem Click und können dem – wie gehabt – mit der Zeit auch die Aufforderung „ohne Krallen“ hinzufügen.

Katzen, die sich ein Hobby daraus machen, hinter der nächsten Türe den Beinen des Besitzers aufzulauern, sind häufig unterbeschäftigt und langweilen sich. Der kleine Wadenbeißer hat realisiert, dass er spätestens dann volle Beachtung findet, wenn er eine Attacke startet. Ob nun Ihre Beachtung darin besteht, schmerzhaft aufzuschreien, zu schimpfen oder mit Spielzeug von Ihren Beinen abzulenken (also belohnen Sie auch noch für den Angriff!), ist zweitrangig. Aufmerksamkeit ist Aufmerksamkeit, egal ob positiv oder negativ. Machen Sie sich zur Gewohnheit, tägliche Spielstunden abzuhalten und den kleinen Kampftiger gezielt auszulasten. Wie wär’s mit Clickerspielen? Lassen Sie Spielsachen nicht herumliegen, damit diese ihren Reiz behalten. Bereichern Sie die Umgebung durch mitgebrachte Baumstämme, mit Seidenpapier gefüllte Kartonschachteln, ein duftendes Moospolster oder durch einen gelegentlichen Umbau des Kratzbaums. Wirken Sie der Langeweile entgegen und ersparen Sie Ihrem Tier so viel Frust und manches Problemverhalten.

Verhaltensketten aufbauen

Wie es der Name sagt, handelt es sich hierbei um eine ganze Reihe von verschiedenen Verhaltensweisen. Auch kleine Verhaltensketten sollten Sie als solche erkennen. Wenn Sie zum Beispiel Ihre Katze rufen und sie soll zu Ihnen kommen, auf einen Hocker springen und sich hinsetzen, so ist das eine Verhaltenskette. Die Katze soll immer gleich reagieren. Und es sind drei verschiedene Handlungen, die einzeln gelernt werden müssen: Kommen, Hochspringen, Setzen, möglicherweise sogar noch Warten.

Verhaltenskette: Verschiedene Handlungen werden in einer starren, konstanten Reihenfolge ausgeführt. Erst am Ende aller Einzelhandlungen erfolgt die Bestätigung mittels Click. Dabei ist jede Teilhandlung der Auslöser für die nachfolgende Teilhandlung und bedarf keines separaten Befehls. Es wird also einmal ein Stein ins Rollen gebracht, der dann alle weiteren Handlungen zur Folge hat. Daher sollte man beim Trainieren von Verhaltensketten immer mit der Handlung beginnen, die am Ende der Kette steht, da diese „die treibende Kraft" ist, denn nur dafür erhält das Tier schlussendlich einen Click mit Belohnung.

Nehmen wir folgendes Beispiel: Sie möchten, dass Ihre Katze sich auf eine bestimmte Aufforderung hin freiwillig in den Transportkorb begibt und darin hinlegt. Pflückt man das alles auseinander, so sind das folgende Einzelhandlungen: auf den Korb zulaufen, hineingehen und sich hinlegen (sowie mit der Zeit eine gewisse Weile darin liegen bleiben). Das mag auf den ersten Blick einfach erscheinen, aber der Haken an der Sache ist, dass sich die Katze praktisch nun von Ihnen – und somit von der Belohnung – entfernen, also zum Korb gehen muss. Sie ahnen schon, wie es anfängt, nämlich mit dem Ende der Verhaltenskette, also damit, dass die Katze lernt, sich hin-

Chessy soll lernen, durch einen Tunnel zu laufen. Dabei wird jede Bewegung in Richtung des Tunnels geclickt. Sie beginnt zu experimentieren: „Soll ich zum Stuhl laufen?"

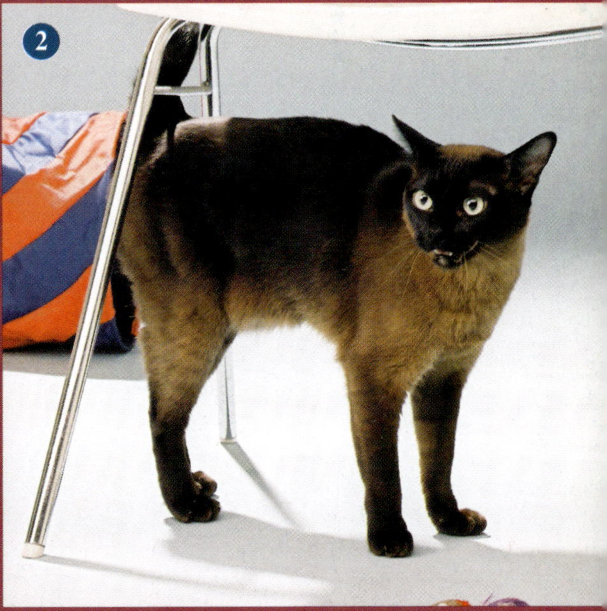

„Oder unter den Stuhl?"

„Oder gar auf den Stuhl?“

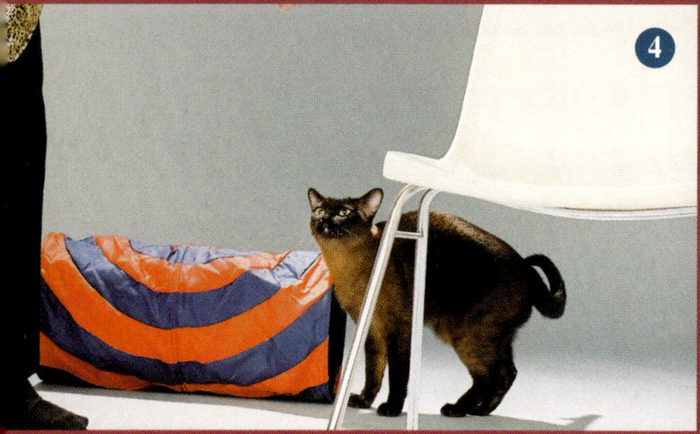

Chessy hat den Tunnel entdeckt und schaut erstaunt, weil sie alleine für den Blick dorthin einen Click erhält.

„Es muss also etwas mit diesem Ding zu tun haben“, denkt sich Chessy und erhält wiederum einen Click für die Annäherung an den Tunnel.

Chessy hat verstanden und befindet sich im Tunnel.

Geschafft! Gut gemacht!

zulegen. Wo, ist zu Beginn noch egal. Doch nun wird das Hinlegen Bestandteil einer Verhaltenskette, und sie soll lernen, sich im Korb hinzulegen.

Geht Ihre Katze bisher nicht freiwillig in den Transportkorb, was häufig bei Tieren vorkommt, die mit dem Korb negative Erfahrungen wie Autofahrt oder Tierarzt assoziiert haben, dann gibt es die Leckerli fortan nur noch in und um diesen verhassten Korb herum. Stellen Sie den Transportbehälter während der Übung offen und frei zugänglich irgendwo in der Wohnung auf, sodass die Katze sich an den Anblick gewöhnt und versteht, dass sie nicht gleich flüchten muss. Ist Ihre Katze bereits im Vorfeld argwöhnisch, so schränken Sie den Fluchtweg ein, in dem Sie die Türen zu anderen Zimmern schließen, und beschäftigen sich mit irgendetwas anderem (Zeitung lesen, TV sehen oder was auch immer). Irgendwann wird die Katze merken, dass in dem Ablauf, den sie in ihrem Kopf gespeichert hat, was nicht stimmt. Denn anlässlich eines Tierarztbesuches hätten Sie sich ja nun darum bemüht, Ihre Katze zu fassen zu kriegen. Doch das tun Sie nicht. Kommt die Katze misstrauisch aus ihrem Versteck hervor, dann sprechen Sie sie bitte nicht an. Warten Sie geduldig ab, was passiert. Macht die Katze auch nur ansatzweise ein paar Schritte auf den Transportkorb zu? Super! Click und Belohnung! Die dürfen Sie der Katze im Anfangsstadium ruhig auf dem Boden entgegenrollen.

Clicken Sie nun jede, aber wirklich jede kleinste Annäherung, die die Katze auf den Transportkorb zu macht. Machen Sie sich darauf gefasst, dass Ihre Katze Sie nun reichlich verdutzt anschaut: „Was? Wie? Wofür habe ich denn den Click bekommen?“ Da sie aber den Clicker bereits kennt, wird sie beginnen zu experimentieren, denn sie möchte ja noch einmal geclickt werden und mehr Belohnungen erhalten. Setzt sie sich hin? Reagieren Sie nicht. Bleibt die Katze stur sitzen, nehmen Sie ein Leckerli und rollen es in die Richtung des Transportkorbes. Steht die Katze auf, um es sich zu holen? Gut! Click und Belohnung! Es ist einfach eine kleine Hilfestellung, die Sie der Katze geben. Warten Sie nun wiederum ab, was die Katze macht. Müssen Sie ihr noch einmal mit einem Leckerli helfen oder läuft sie noch einen Schritt auf den Korb zu? Click und Leckerli! Stupst sie ihn sogar mit der Nase an? Toll, toll, toll! Clicken Sie, geben der Katze ruhig ein ganzes Häufchen Leckerli und räumen Sie den Korb weg. (Ganz wichtig, dass der Korb jetzt verschwindet! Wenn Sie ihn nun stehen lassen, kann es sein, dass sich die Katze diesem wieder nähert, während Sie aber mit etwas anderem beschäftigt sind und das nicht mitbekommen. Schlussendlich wäre das Frust für die Katze, weil ja kein Click käme.) Genug geschafft für den ersten Tag.

Wiederholen Sie diese Übung täglich und innerhalb kurzer Zeit werden Sie erreichen, dass die Katze zwischen dem Korb und Ihnen eifrig hin- und herpendelt, um sich das Leckerli abzuholen. Erst wenn dieser Teil wirklich sitzt, gehen Sie den nächsten Schritt an. Nun reicht es uns nicht mehr, dass die Katze bis zum Transportkorb läuft, sie muss den Korb auch auf irgendeine Art berühren, sei es mit der Nase oder mit der Pfote. Steigern Sie langsam, aber fortwährend die Anforderungen. An den folgenden Tagen muss

Hier geht es um das Einsteigen in den Transportkorb. Zuerst setzt Chessy eine Vorderpfote hinein.

Dann beide Vorderpfoten!

Chessy befindet sich bereits mit drei Pfoten im Korb.

Die ganze Katze ist im Transportkorb.

Umdrehen im Korb ...

... und zu guter Letzt das „Sitz“. Chessy beherrscht eine ganze Verhaltenskette.

ein Pfötchen im Transportkorb sein, dann beide Vorderpfoten und so weiter, bis die ganze Katze drin ist. Auch dieser Teil der Verhaltenskette muss erst sicher sitzen, bevor Sie nun den letzten Teil (oder eigentlich war es ja ursprünglich der erste) hinzufügen. Erst dann kommt nämlich die bereits bekannte Aufforderung „Liegen" hinzu. Tja, und nachdem dann der ganze Ablauf ein paar Tage hintereinander einwandfrei geklappt hat, geben Sie der ganzen Verhaltenskette einen Namen, wie beispielsweise „In den Korb" oder „Einsteigen". (Diese Übung kann auch mit einem Target – wir kommen später dazu – antrainiert werden.)

So wie diese Verhaltenskette kann noch vieles andere mehr eingeübt werden, wie zum Beispiel das Benutzen einer Katzenklappe, das „Apportieren" oder einen komplizierten, immer gleichen Heimweg für Freigänger einstudieren. Nehmen Sie sich bitte einfach vor jeder neuen Clickersession die Zeit, sich zu überlegen:
Was möchte ich genau erreichen?
Ist es eine einfache Handlung oder besteht das Ganze aus mehreren kleinen Teilhandlungen?
Wenn es eine Verhaltenskette ist, welches ist der letzte Teil, mit dem ich beginnen muss?

Apportieren

Nein, nein, ich bringe hier nichts durcheinander. Ich rede wirklich von Katzen, nicht von Hunden! Einige Katzen apportieren Gegenstände wie Fellmäuse, kleine Bälle, Korken oder Ähnliches ganz von selbst, aber man kann es ihnen auch gezielt beibringen. Es ist allerdings für Mensch und Tier wirklich eine Fortgeschrittenenübung. Sie werden gleich sehen, warum. Und dann werden Sie auch verstehen, warum so wenige Hunde tatsächlich apportieren können.

Apportieren ist eine Verhaltenskette, denn es besteht aus verschiedenen Teilhandlungen: Gegenstand aufnehmen, Gegenstand festhalten, zum Halter kommen und dabei Gegenstand tragen und zum Schluss Gegenstand wieder fallen lassen.

1. Schritt: Sobald Ihr verspieltes Kätzchen spontan einen Gegenstand im Maul hat, clicken Sie. (Bitte kommen Sie nicht auf die Idee, der Katze einen Gegenstand zwangsweise ins Maul zu stopfen!) Noch einmal erinnere ich daran, dass der Click die Handlung beendet! Die Katze, die den Clicker bereits kennt, wird also somit ohnehin den Gegenstand fallen lassen, weil sie ja von Ihnen nach dem Click die Belohnung erwartet. Somit haben wir den ersten Teil der Verhaltenskette „Apportieren", der ja zum Schluss das Ende darstellen wird. Sie müssen nichts weiter tun, als der Katze einen Click zu schenken, wenn sie einen Gegenstand im Maul hat. Da die geübte Clickerkatze erfinderisch ist, wird sie ausprobieren, welches Verhalten ihr den Click eingebracht hat. Clicken Sie aber nun bitte keinesfalls, wenn die Katze die Fellmaus nur anschaut oder mit der Pfote berührt. Wir würden damit im Targeting enden und die Katze könnte all die verschiedenen Übungen nicht mehr voneinander unterscheiden. Halten Sie sich einfach stets bereit, und sobald Sie beobachten, dass die Katze etwas im Maul trägt, bekommt sie einen Click. So wird das Kätzchen vermehrt die Lieblings-Fellmaus herumtragen.

2.. Schritt: Verzögern Sie durch Shaping nun die Dauer des Im-Maul-Haltens. Der Click kommt einfach verzögert und die Dauer bis zum Click wird in winzigen Schritten gesteigert.

3. Schritt: Anschließend wird wiederum durch Shaping eingeübt, dass es nicht reicht, den Gegenstand im Maul zu haben und zu halten, sondern dass damit auch auf Sie zu zu laufen ist. Das geht natürlich am einfachsten, indem Sie sich mehr und mehr von der Katze entfernen, sobald sie den Gegenstand aufgenommen hat. Geclickt wird nur, wenn sich die Katze mit dem Gegenstand im Mäulchen auf Sie zu bewegt. Zuerst werden es kleine Distanzen sein, die Sie dann nach und nach steigern können.

4. Schritt: Der nächste zu trainierende Schritt ist, dass die Katze lernt, einen Gegenstand aufzunehmen. Werfen Sie dem Kätzchen eine Fellmaus zu. (Alles, was sich bewegt, ist interessant zu folgen. Also bestätigen wir eigentlich spontanes Verhalten.) Clicken Sie das Folgen der Fellmaus beziehungsweise jede Annäherung daran.

5. Schritt: Hängen Sie all die einzeln trainierten Teilhandlungen aneinander. So werfen Sie eine Fellmaus, die Katze folgt dieser, nimmt sie auf, bewegt sich auf Sie zu beziehungsweise kommt zu Ihnen und wartet auf den Click, damit sie die Maus fallen lassen und eine Belohnung entgegennehmen kann.

6. Schritt: Beginnen Sie nun, der Handlung einen Namen zu geben. Wenn der Hundesport für Sie kein Gräuel ist, wie wär's mit „Apport"? Wie immer kommt die Aufforderung während der Ausübung der Handlung und vor dem Click.

Es ist empfehlenswert, sich zu Beginn nur für einen Gegenstand, der apportiert wird, zu entscheiden und diesen dann außerhalb der Übungszeiten wegzuräumen. Trägt die Katze nämlich den Gegenstand, ohne einen Click zu bekommen, wird sie frustriert. Außerdem verliert der Gegenstand auf diese Weise nicht so schnell an Interesse. Ein anderer Gegenstand muss dann zwar neu erlernt werden, da die Katze den Ablauf aber bereits kennt, dauert es nicht lange, bis sie auch andere Dinge apportieren kann. Super-Profi-Clickerkatzen können schlussendlich sogar noch lernen, wie die einzelnen Gegenstände heißen, und apportieren „die Maus", das (Cat-nip-)„Säckchen" und vieles andere mehr.

Verhaltenssequenzen aufbauen

Auch beim Einüben von Verhaltenssequenzen handelt es sich eigentlich um eine Verhaltenskette, allerdings mit dem Unterschied, dass keine starre Reihenfolge zugrunde liegt. Sie sagen oder zeigen der Katze jeweils, welche Teilhandlung als Nächstes drankommt. Dieses Verfahren brauchen Sie zum Beispiel, wenn Sie für Ihre Katze einen Hindernisparcours anlegen, den sie passieren soll. Man kann die Katze über Hochbretter laufen lassen, durch Tunnel (aufgefaltete Papiertüten tun's auch) oder über eine Wippe, um Hindernisse im Weg herum, auf einen Hocker springen lassen und so weiter. Jedes Hindernis wird einzeln eingeübt. Dabei ist es egal, womit Sie beginnen, denn hier sagen Sie der Katze bei jedem Hindernis, was zu tun ist. Hier clicken Sie jedes Hindernis einzeln, also nicht wie bei den Verhaltensketten erst am Ende des ganzen Ablaufs.

Die Vorgehensweise ist die gleiche wie beim Einsteigen in den Transportkorb. Führen Sie die Katze an das Hindernis heran, indem Sie ein Leckerli in die entsprechende Richtung rollen beziehungsweise jede Annäherung zum Hindernis clicken und belohnen. Im weiteren Verlauf clicken Sie, wenn die Katze sich mit einer Pfote auf das Hindernis begibt, dann mit beiden Vorderpfoten und so weiter. Erst wenn das Passieren des Hindernisses einwandfrei klappt, geben Sie dazu den Namen, die Aufforderung wie zum Beispiel „Sprung", „Tunnel" ...

Dies ist ein Riesenspaß für Stubentiger, denn Sie können für den Parcours alltägliche Einrichtungsgegenstände nutzen und den Ablauf immer wieder ändern, sodass es nie langweilig wird. Beim Einüben einer Verhaltenssequenz empfiehlt sich eine kontinuierliche Belohnung. Mit der Zeit können Sie variabel belohnen und gleichzeitig die eintrainierte Handlung durch Wiederholungen erhalten (siehe folgenden Abschnitt „Belohnungen").

Bei dieser kleinen Hindernisparcoursübung soll die Katze über das Brett von einem Stuhl zum anderen laufen.

Anima fordert nach erfolgter Ausführung lautstark ihre Belohnung ...

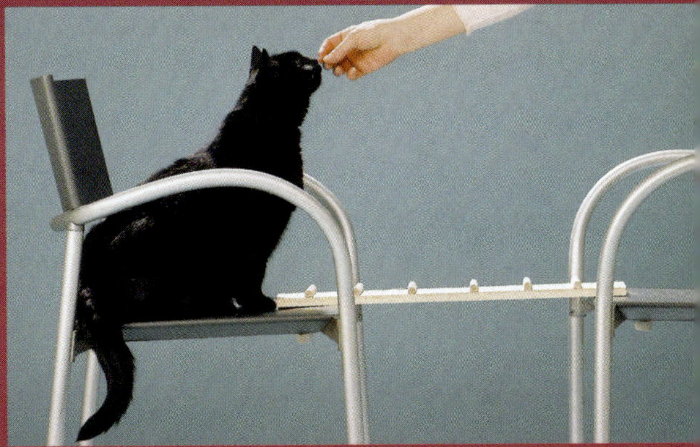

... doch zuerst muss sie sich noch umdrehen und setzen.

Verhaltenssequenz: Mehrere Handlungen folgen einander, ohne dass eine starre Reihenfolge besteht. Für jede Handlung ist jeweils Ihre Aufforderung erforderlich. Jede einzelne Handlung wird mit einem Click bestätigt.

Belohnungen

Wir haben gelernt, dass zu Beginn des Clickertrainings jedem Click eine Belohnung innerhalb von maximal einer halben Sekunde folgt (kontinuierliches Belohnen) und dass dies notwendig ist, um eine Konditionierung vorzunehmen. Doch nun kennt (und liebt!) Ihre Katze den Clicker und Sie können beginnen, die Belohnungen zu reduzieren. Hierzu gibt es verschiedene Möglichkeiten. Wenn wir beginnen, ein Verhalten zu shapen, verringert sich die Belohnung automatisch. Denn dann wird nur noch das beste Verhalten belohnt, also die perfekteste Ausführung. Man kann die Belohnungen auch reduzieren, indem sie mit der Zeit nicht mehr regelmäßig gegeben werden. Es gibt zwei Möglichkeiten:

Variable Belohnung mit fixem Wert: Reduzieren Sie, indem Sie grundsätzlich nur noch jedes zweite Mal dem Click ein Leckerli folgen lassen. Sie belohnen also unregelmäßig mit einem festen Wert.

Variable Belohnung mit variablem Wert: Sie belohnen unregelmäßig mit einem variablen Wert. Sie lassen also zum Beispiel den ersten beiden Clicks ein Leckerli folgen, beim dritten Mal nicht, beim vierten Mal wieder, beim fünften Mal nicht, beim sechsten Mal nicht, beim siebten Mal wieder und so weiter. Die Katze weiß also nie, ob ein Leckerli folgt oder nicht – wie bei einem Zufallsgenerator.

Immer wenn die Katze etwas Neues lernt, sollten Sie sich für das kontinuierliche Belohnen entscheiden. Die Katze lernt so am schnellsten, da sie am ehesten herausfiltrieren kann, was erwünscht ist und was nicht. Also: Jedem Click soll eine Belohnung folgen. Sobald ein Verhalten erlernt ist und gut sitzt, können Sie beginnen, die Belohnungen auf eine der beschriebenen Arten zu reduzieren. Beide Arten der variablen Belohnung eignen sich bestens bei der Arbeit mit spontanem Verhalten und auch bei der Förderung von erwünschtem Verhalten. Wollen Sie hingegen unerwünschtes Verhalten abtrainieren (hierzu kommen wir später noch genauer), so sollte die Katze für jedes Unterlassen einer unerwünschten Handlung einen Click plus Leckerli erhalten.

Merken Sie, dass die Katze irgendwann nicht mehr so motiviert ist wie zu Anfang, kann es an der reduzierten Belohnung oder an deren Qualität liegen. Dann können Sie kurzfristig wieder kontinuierlich oder mit besonders reizvollen Leckerlis bestätigen. Oder aber es liegt daran, dass Ihre Katze die Übung schon so gut kennt, dass sie beginnt sich zu langweilen. Dann auf zu neuen Ufern!

Besonders guten Leistungen kann man einen Jackpot folgen lassen. Ähnlich wie wir uns freuen, wenn wir bei einer Lotterie einen Gewinn erzielen, freut sich die Katze, wenn sie das große Los zieht und eine Futterschale, ein ausgiebiges Spiel oder ein intensives Schmusestündchen bekommt. Nichtsdestotrotz erfolgt nur ein einziger Click, egal wie groß der nachfolgende Jackpot ist.

Nur weil Sie sich einmal für das Leckerli als primären Verstärker entschieden haben, muss es nicht immer das Futter sein, das die Belohnung darstellt. Ist Ihre Katze gerade in Spiellaune, so kann dem auch eine kleine Clickerübung vorangestellt werden und anschließend erfolgt als Bestätigung das lustige Fellmäusewerfen!

Als außerordentliche Belohnung eignet sich auch Cat-nip (Katzenminze) oder wahlweise ein Baldriansäckchen – je nachdem, was Ihre Katze anregender findet.

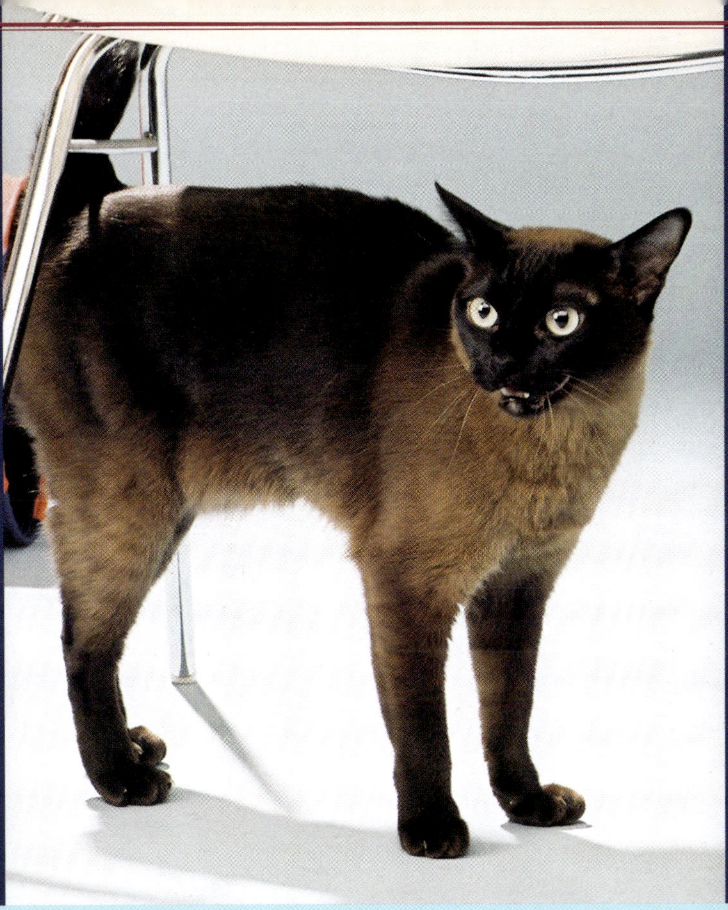

Das Targeting

Bei der Arbeit mit einem Target (Ziel) verwendet man einen Zeigestock, den die Katze zu berühren lernt. Das Target kann ein wirklicher, am besten ausziehbarer Zeigestock sein, es kann aber auch irgendein Stock sein, ein Bleistift oder ein chinesisches Essstäbchen. Die Katze lernt, das Target mit der Nase oder mit der Pfote zu berühren und mit der Zeit dem Target zu folgen.

Nun fragen Sie sich bestimmt, wozu das gut sein soll. Ein Target kann in vielerlei Hinsicht eingesetzt werden. Sie können Ihre Katze lehren, dem Target zu folgen, sodass Sie sie lotsen können, ohne das Tier anzufassen und ihm somit ein Gefühl der Enge oder des Zwangs zu vermitteln. Zum Beispiel beim Hindernisparcours, beim Einstieg in den Transportkorb, beim Einüben des gemeinsamen Spazierengehens ...

Mit dem Target kann man die Katze in gewünschte Richtungen dirigieren und auch zu Übungen veranlassen, bei denen sie sich paradoxerweise vom Leckerli entfernen muss, um ein Leckerli zu erhalten.

Targeting – die Katze hat die Aufgabe, das Stäbchen mit der Nase zu berühren.

Die Katze soll mit der Nase am Target bleiben, bis der Click die Handlung beendet.

Von sehr großem Nutzen ist diese Methode, wenn es darum geht, der Katze zu helfen, Ängste vor bestimmten Dingen, Personen oder Situationen zu überwinden. Dadurch, dass die Katze die Möglichkeit hat, sich auf eine Arbeit zu konzentrieren, kann man sie sehr spielerisch und etappenweise an das Angstobjekt heranführen. Dies ist auch der Grund, warum ich persönlich das Targeting ausschließlich zum Berühren mit der Nase verwende. Wenn die Katze von dem Angstobjekt abgelenkt werden und sich stattdessen auf das Target konzentrieren soll, erreiche ich dies besser mit der „Nasenarbeit".

Einzig für uns Menschen ist es eine kleine Übungsfrage, mit dem Target zu arbeiten, denn wir müssen uns gut organisieren. Am besten nehmen Sie in die eine Hand das Target (Stock) und den Clicker und in die andere Hand die Belohnung. Halten Sie das Target seitlich neben den Kopf der Katze in einem kleinen Abstand (fünf bis zehn Zentimeter) und warten Sie. Die Katze wird das Target mit dem Näschen berühren. Clicken Sie exakt in diesem Moment! Während Sie das Leckerli geben (oder streicheln oder spielen), nehmen Sie das Target weg. Dann halten Sie das Target wieder hin. Achten Sie darauf, dass

Mogli findet die erhaltene Belohnung nicht ausreichend ...

... und bedient sich selbst.

der Abstand zwischen Katze und Target am Anfang wirklich gering ist. Halten Sie das Target immer seitlich zur Katze, nie mit der Spitze gegen das Tier, denn nur eine kleine, überraschende Bewegung und die Katze könnte sich verletzen. Nähern Sie sich sowohl von rechts als auch von links mit dem Target, damit die Katze beiderlei Situationen kennen lernt. Ignoriert die Katze das Target, bewegen Sie es ein kleines bisschen, um die Aufmerksamkeit darauf zu lenken. Ist die Katze sehr vorsichtig und traut sich nicht, das Target zu berühren, so clicken Sie zu Beginn bereits den Blick der Katze auf das Target. Geben Sie der Katze aber bei jedem neuen Versuch zuerst die Chance, das Target dieses Mal zu berühren. Ganz wichtig: Immer nach jedem Click das Target kurz wegnehmen, bevor Sie es erneut präsentieren!

Steigern Sie die Anforderungen. Nach einigen Übungen soll die Katze das Target nun nicht mehr einfach irgendwo, sondern ausschließlich ganz vorne an der Spitze berühren. Sie clicken also nur, wenn auch wirklich die Spitze des Zeigestocks berührt wird. Funktioniert dies einwandfrei, ist das nächste Kriterium dran, das da lautet: Die Katze soll lange mit der Nase am Target

Das Target zeigt Moses, wie die nächste Übung heißt: „Spring auf den Stuhl“.

Da das Target nicht verschwindet, weiß Moses, dass seine Aufgabe damit noch nicht erledigt ist.

bleiben. Wie bei „Shaping“ beschrieben, bestätigen Sie also nur die Berührungen, die zeitlich am längsten an der Spitze des Zeigestocks verharren, und steigern die Dauer Schritt für Schritt. Nicht vergessen: Der Click beendet die Übung und erlaubt der Katze, die Nase vom Zeigestock wegzunehmen. Sie können auch dieser Berührung eine Aufforderung beifügen („Nase“, „Berühren“ oder „Touch“ zum Beispiel). Gerade für Katzen, die dazu neigen, manchmal unbeherrscht zu reagieren, ist dieser Teil des Targettrainings eine sehr gute Übung, denn sie lernen, sich zu konzentrieren und unter Kontrolle zu haben.

Wenn Sie das erreicht haben, können Sie beginnen, das Target leicht von der Katze weg zu bewegen, sodass sie dem Target folgen muss,

Zuerst soll er noch den „Panther" machen ...

... und nachdem das Target ihm bedeutet: „Spring runter vom Stuhl", verschwindet es und Moses erhält den Click und seine Belohnun

um mit der Nase daran bleiben zu können. Steigern Sie die Strecke, über die Ihre Katze dem Target folgen soll. Hier zahlt sich nun ein ausziehbarer Zeigestock aus, da Sie damit aufrecht laufen können, während die Katze ihm folgt.

Nun können Sie sich überlegen, was Sie als Nächstes tun möchten. Soll die Katze eine Leiter hinaufklettern, unter einem Hindernis hindurch, durch einen Tunnel oder über ein Brett laufen? Begeben Sie sich mit der Katze vor das aufgebaute Hindernis, fordern sie mit „Nase" oder „Touch" – oder wie immer Sie diese Übung auch nennen möchten – auf und präsentieren das Target. Führen Sie die Katze mithilfe des Targets auf, durch oder über das Hindernis und steigern nach und nach die zu erbringende Leistung.

Ziel ist, dass Sie am Ende genau in dem Moment clicken können, in dem die Katze das Hindernis überwunden hat. Am besten belohnen Sie solche Leistungen mit einem verdienten Jackpot.

Nach einigen Wiederholungen weiß die Katze, was sie zu tun hat, und Sie können der kompletten Handlungskette (das heißt: den Target mit der Nase berühren, am Target bleiben, dem Target folgen und dabei über das Brett laufen – also insgesamt vier Komponenten!) einen Namen geben. Zu guter Letzt fügen Sie vielleicht am Ende noch das „Sitz“ bei, welches das Kätzchen ja schon so perfekt beherrscht (somit ist das „Sitz“ der erste beziehungsweise der letzte Teil der Verhaltenskette!). Click und Belohnung!

Wenn Sie nun mehrere Hindernisse aufbauen, die nach und nach zu passieren sind, muss jedes von ihnen einzeln erlernt werden. So ist jedes Hindernis in sich also eine Verhaltenskette. Möchten Sie aber die Hindernisse immer wieder anders anordnen, auswechseln und variieren, so braucht die Katze jeweils Ihre Aufforderung, was als Nächstes zu tun ist, und somit handelt es sich um eine Verhaltenssequenz.

Natürlich ist das bis hierhin ein reines Spaßturnier, aber spätestens, wenn ihre Katze schreiend auf einem Baum oder auf Nachbars Balkon sitzt (der womöglich gerade in den Ferien weilt …) und sich nicht heruntertraut, werden Sie glücklich sein, dass sie gelernt hat, einem Target zu folgen und eine Leiter, ein angelehntes Brett hinunterzulaufen oder lässig ihren Transportkorb zu besteigen, in dem Sie die Süße wohlbehalten aus ihrer misslichen Lage bergen können.

Gemeinsame Spaziergänge

Sie können das Target auch einsetzen, um mit dem Kätzchen gemeinsame Spaziergänge – mit oder ohne Brustgeschirr – einzuüben. Zunächst clicken Sie das Dulden des Brustgeschirrs, wie bereits beschrieben, und dann die Akzeptanz, dass daran eine Leine befestigt wird und sich der Bewegungsradius der Katze somit reduziert. Bleiben Sie ruhig und geduldig, denn dies ist ein ganz neues Gefühl für die Katze und sie muss sich erst daran gewöhnen, dass sie nicht einfach davonlaufen kann. Sie helfen dem Tier, indem Sie es ablenken und mit dem Targeting beginnen. Statt Panik zu bekommen und sich in die Leine zu werfen, kann das Kätzchen sich auf das Targeting konzentrieren und wird so lernen, dass alles gar nicht so schlimm ist. Nach und nach steigern Sie die Anforderungen: die zu laufende Strecke und auch die äußeren, ablenkenden Faktoren. Am Anfang clicken Sie jedes schöne Mitlaufen. Mit dem Click verschwindet das Target und es gibt eine Belohnung. Sobald die Katze Zug auf die Leine bringt, bockt oder querfeldein zieht, bleiben Sie einfach stehen. Das Endresultat sieht dann so aus, dass der Click erst am Ende des gesamten gemeinsamen Spaziergangs, also mit der Heimkehr, erfolgt.

Probleme mit der Angst

Manche Katzen leiden unter panischen Ängsten, sei es vor fremden Menschen, rutschigen Böden oder gar vor großen Einkaufstüten, und ich meine dies, wie ich es sage: Diese Tiere leiden wirklich! Sie fürchten sich aufgrund mangelnder Sozialisierung, genetischer Veranlagung oder schlechter Erfahrung. Auch wenn wir damit leben können, dass die Katze blitzartig verschwindet, sobald ein Fremder das Haus betritt, für das Tier ist es jedes Mal mit Stress verbunden! Bitte seien Sie sich dessen bewusst und überlegen sich, ob es nicht der Mühe wert ist, Ihrem Schatz zu helfen. Sie haben nun ein Instrument, womit Sie arbeiten können. Alles, was Sie noch brauchen, ist ein bisschen Zeit und ein wenig mehr Geduld. Bitte haben Sie Verständnis dafür, dass es den Rahmen dieses Buches sprengen würde, jede mögliche Situation einzeln zu beschreiben, und lassen Sie mich als Beispiel die häufige Angst vor Besuchern anführen. Egal, wovor Ihre Katze sonst noch Angst haben könnte, die Vorgehensweise bleibt sich gleich.

Unerlässlich bei der Desensibilisierung (also der Angstbewältigung) ist das Wissen, wie eine angstvolle Katze aussieht! Denn nun gilt es, das richtige Verhalten, nämlich Angstfreiheit, zu bestätigen. Wenn Sie falsch clicken und möglicherweise Angstreaktionen bestätigen, verstärken Sie diese noch! Das kann die schier spürbare Angst sein, die man kaum übersehen kann, weil die Katze in ihrer Panik die Augen weit aufgerissen hat und zurückweicht oder sich zu verstecken sucht. Das kann aber auch eine weitaus unscheinbarere Abwehrhaltung sein! Abwehr ist das Gegenteil des Angriffs, wobei man auch hier Vorsicht walten lassen muss: Ist der Katze der Fluchtweg versperrt und sie wird in die Enge gedrängt, dann bleibt ihr manchmal keine andere Wahl als sich freizukämpfen, wobei die Körpersignale dann durchaus in Richtung Angriff kippen können. Angst und Aggression – diese beiden Begriffe sind untrennbar miteinander verknüpft, denn das eine kann das andere auslösen und die Übergänge sind fließend.

Gehen wir also davon aus, dass Ihre Katze deutliche Anzeichen der Angst zeigt und Sie diese richtig erkannt haben. Sie flüchtet, weicht aus, versucht sich in Ecken zu drängen, sie macht sich klein und legt die Ohren seitlich nach hinten am Kopf an, sodass man diese kaum noch sieht. Sie kauert sich zusammen und schützt empfindliche Körperteile wie den Hals und die Bauchregion. Vielleicht spuckt oder faucht sie dazu und ihr Fell ist vor Anspannung gesträubt.

Beginnen Sie mit dem Targettraining wie oben beschrieben und leiten Sie die Katze unter unbelastenden, ablenkungsfreien Bedingungen dazu an, den Zeigestock dauerhaft an der Spitze zu berühren. Machen Sie sich sehr klar: Egal welche Angst Sie der Katze nehmen möchten, Sie clicken das Berühren und Dranbleiben am Targetstock! Das ist für Sie ein wichtiges Merkmal, damit Sie nicht Gefahr laufen, die Angstreaktion zu clicken. Sowie Sie sich dazu entschlossen haben, der Katze mit dem Target ihre Angst überwinden zu helfen, sollten Sie mit ihr gleichzeitig auch andere Dinge trainieren, die ohne Vorbelastung oder Stress sind und einfach nur Spaß machen. Die Katze soll auf gar keinen Fall das Clickertraining ausschließlich mit ihrer Angst in Verbindung bringen!

Angst vor Fremden

Sobald das Kätzchen also die Targetübung wirklich gut beherrscht, durch den Clicker schon einige Erfolge erzielt und positive Erfahrungen gemacht hat, bitten Sie eine Nachbarin oder einen Bekannten als Helfer zu sich auf einen Kaffee oder Tee. Schließen Sie zuvor das Schlafzimmer oder jene Räume, in denen die Katze sich definitiv verstecken könnte, lassen aber so viele Räume frei zugänglich, dass die Katze die Möglichkeit hat, den von ihr gewünschten (Sicherheits-) Abstand zu wahren. (Beispielsweise Schlaf- und Kinderzimmer schließen, aber Küche und Wohnzimmer offen lassen.) Nehmen wir an, Ihr Besucher sitzt im Wohnzimmer und die Katze ist in die Küche geflüchtet. Lassen Sie ihr ein wenig Zeit, sich zu beruhigen. Natürlich ist es – je nachdem, wie groß die Angst Ihres Lieblings ist – förderlich, wenn der Besucher sich ruhig verhält, einfach nur dasitzt und die Katze überhaupt nicht anschaut. Schafft es Ihre Katze beim ersten Mal noch nicht, sich auf das Targeting zu konzentrieren, ist das nicht weiter tragisch. Sie lernt dennoch etwas, nämlich: „Da sitzt ein Fremder, ich bin nicht weit weg von ihm, aber es passiert mir nichts.“ Beim nächsten oder übernächsten Mal wird's dann schon besser gehen. Sie wissen ja nun, wie schnell Ihr Tier lernt. Beachten Sie jegliche Anzeichen von Angst auf gar keinen Fall! (Nicht trösten, nicht anfassen, nicht anstarren! Aber auch nicht clicken!)

Nehmen wir an, die Katze hat sich so weit entspannt, dass sie dazu bereit ist, mit Ihnen in der Küche (womöglich immer noch außer Sichtweite des Fremden) das Targeting zu machen und Leckerli anzunehmen, dann beginnen Sie mit einem ganz zusammengeschobenen Zeigestock nahe bei der Katze. Nach und nach ziehen Sie den Zeigestock in sehr kleinen Schritten aus und deuten damit in die Richtung, in der sich der Besucher aufhält. Die Kriterien, die Sie der Katze vorgeben, sind: Zeigestock mit der Nase berühren und dranbleiben, bis der Click kommt. Dann die Belohnung folgen lassen und nicht vergessen, nach dem Click das Target wegzunehmen. Clicken Sie nie für einen ängstlichen Blick der Katze zum Besucher hin! Clicken Sie nie für ein Zusammenzucken! Nur das Berühren der Nase am Target bringt einen Click!

Mit fortschreitendem Training vergrößert sich damit die Entfernung zwischen Ihnen und der Targetspitze und so arbeiten Sie sich langsam aus der Küche hinaus Richtung Wohnzimmer. Bleiben Sie geduldig, schreiten Sie im Training mit kleinen Schritten voran und beenden Sie jede Übung mit einem Erfolg für das Tier und einem Jackpot. Achten Sie darauf, dass die Katze sich zurückziehen kann (Schlafzimmer öffnen), bevor der Besucher aufsteht und geht! Das Kätzchen ist bereits ausreichend mit der Anwesenheit des Fremden gefordert. Es wäre verfrüht, es auch noch mit dessen Bewegungen zu konfrontieren!

Es ist von großem Vorteil, wenn Sie verschiedene Helfer zu sich einladen, Frauen und Männer. Denn die Katze soll sich ja nicht nur an einen Menschen gewöhnen, sondern daran, dass Besuch grundsätzlich kommt, sich aufhält und wieder geht.

Sind Sie auf diese Art des Trainings erst einmal im Wohnzimmer angelangt und befinden sich mit der Katze ungefähr in zwei Meter Abstand zu Ihrem Besucher, ist es an der Zeit, dass dieser den Zeigestock übernimmt, während die Katze damit arbeitet. Nach wie vor darf die Katze dabei nicht angestarrt werden, hingegen kann Ihr Besucher beginnen, sie mit dem Blick zu streifen, eindeutig zu blinzeln (heißt: „Ich bin dir freundlich gesonnen") und dann wieder wegschauen. Schritt für Schritt wird nun der Zeigestock wieder zusammengeschoben, bis die Katze sich in unmittelbarer Nähe des Gastes aufhält. Der größte Fehler, den man nun, nachdem man so weit gekommen ist, machen könnte, wäre, wenn der oder die Fremde sich hinunterbeugt, um die Katze zu streicheln. Jegliche weitere Annäherung hat von der Katze auszugehen. Ob sie dem Besucher am Hosenbein schnüffelt (Click!) oder aus einer kleinen Distanz angstfrei (!) genauer in Augenschein nimmt (Click!) – er verhält sich absolut passiv. Sozusagen wird dadurch der Besucher selbst zum Target! Immer darf die Katze sich zurückziehen, bevor der Gast aufsteht und geht.

Mit dem Fortschreiten des Trainings kann man dem Gast dann die Aufgabe übertragen, der Katze den Jackpot zu schenken, also die Fellmaus (sanft!) zu werfen oder die Futterschale zu reichen. Ist der Primärverstärker Ihrer Katze das Streicheln, so kann der Gast beginnen, passiv die Hand hinunterbaumeln zu lassen. Streicht die Katze daran vorbei oder schmust sie gar an, können erste sanfte Berührungen gewagt werden. Am besten mit dem Handrücken (signalisiert: „Keine Angst, ich werde dich nicht festhalten").

Es ist nicht erforderlich, dass Sie tagtäglich üben, wobei Sie am schnellsten Fortschritte erzielen, wenn kleine, kurze Übungsphasen mehrmals täglich stattfinden. Was Ihre Katze einmal auf diese Weise gelernt hat, geht nicht verloren. Wichtig ist, dass während dieses Desensibilisierungstrainings keinerlei negative Erfahrungen gemacht werden, also beispielsweise ein Besucher in die Wohnung stürmt, der nicht ins Training involviert ist. Unerwartete Gäste müssen in dieser Zeit halt an der Haustüre abgefangen werden. Vielleicht kann man sie ja zur Mithilfe überreden?

Möglicherweise wird die Katze nach einer mehrtägigen Trainingsunterbrechung am Anfang kurz wieder mehr Angst zeigen. Doch mit jedem Mal wird die Angst schneller überwunden. Sicherlich denken Sie nun: „Himmel! Das wird ja ewig dauern!" Doch vergessen Sie bitte nicht: Jede Übungsfrequenz dauert lediglich zwei bis fünf Minuten. Mehr nicht! Mit jedem Erfolg wird Ihre Katze sich mehr öffnen und sicherer fühlen. Und abgesehen davon: Selbst wenn Sie ein paar Wochen brauchen – was ist das gegen ein ganzes Katzenleben?

Angst vor Gegenständen

So wie mit fremden Menschen verfahren Sie auch bei Angst vor Gegenständen, nur mit dem Vorteil, dass Sie Gegenstände einsetzen können, wann und wie es Ihnen gelegen kommt, und diese sich in der Regel nicht bewegen. Sie helfen der Katze, sich durch die Konzentration auf das Target dem Angstobjekt zu nähern, und bestätigen dann jegliche Kontaktaufnahme mit dem Objekt der Angst! Sei es ein Blick, ein zaghafter Pfotenhieb oder gar ein vorsichtiges Schnuppern. Um es ganz grob zu verallgemeinern (ich laufe zwar Gefahr, dass einige Feliden-Forscher an dieser Stelle aufschreien, doch ich möchte Ihnen einen Anhaltspunkt geben):

Clicken Sie nur, wenn die Öffnung der Ohren nach vorne zeigt und somit die Grundstimmung „neutral" ist.

Legen Sie Wert auf Variationen! Die Besucher sollen nicht immer am gleichen Ort sitzen. Beginnen Sie mit der Übung nicht immer an derselben Stelle. Die Plastiktüte, die die Katze so sehr fürchtet, sollte immer wieder verschiedene Farben haben, einmal flach am Boden liegen, einmal mehr oder weniger gefüllt sein, vielleicht auch mal am Türgriff hängen oder auf einem Stuhl stehen. Denken Sie daran, den Angstgegenstand mit Beendigung der Übung sofort wegzuräumen.

Angst vor Berührung

Vielleicht haben Sie sich eines armen Kätzchens aus dem Tierheim erbarmt und es zu sich nach Hause geholt, können es aber noch nicht anfassen. Die Vorgehensweise ist prinzipiell die gleiche wie zuvor, nur dass Sie mit einem lang ausgefahrenen Zeigestock beginnen und die Leckerli dem Kätzchen sanft entgegenrollen (bitte nicht bombardieren!), dann stetig den Zeigestock zusammenschieben und damit das Tier immer näher zu sich heranholen. In diesem Fall gelten für Sie die gleichen Regeln wie oben für Besucher beschrieben: Schauen oder starren Sie die Katze nicht an, lassen Sie den Blick ungezwungen umherschweifen, blinzeln Sie ihr zu und berühren Sie das Tier erst, wenn es seinerseits bereit ist, zu Ihnen Körperkontakt aufzunehmen.

Bei der Clickerarbeit zur Desensibilisierung muss unbedingt die kontinuierliche Belohnung eingesetzt werden, also nach jedem Click folgt eine Belohnung. Jede angstfreie Reaktion der Katze muss bestätigt werden, ob es das Berühren des Targets ist (die Katze nutzt das dargebotene Alternativverhalten, statt zu flüchten) oder ob es die leiseste Annäherung an das Objekt der Angst ist (die Katze lernt, ihre Angst zu besiegen).

Die Löschung

Unter der Löschung oder Extinktion versteht man, dass eine bestehende Verknüpfung nach und nach verschwindet, bis sie ganz aufgehoben ist. Bleiben wir bei der Angst vor Fremden: In diesem Fall hat die Katze beispielsweise gelernt, dass Besucher schlecht sind. Vielleicht wurde sie von lebhaften Kindern gescheucht, vielleicht hat sie auch nicht gelernt, mit fremden Menschen umzugehen, oder jemand hat ihr einmal aus Versehen wehgetan oder sie gegen ihren Willen festgehalten. Sie hat bisher ihr Verhalten selbst belohnt, in dem sie sich zurückzog Unter Umständen wurde ihre Angst auch noch bestätigt, indem man sie genötigt hat, sich von Fremden anfassen zu lassen, oder aber indem sie für ihre Furcht getröstet wurde. Je länger dieser Zustand anhielt, desto länger dauert es, bis es zu einer Löschung kommt. Wenn nun diese Verknüpfung „Besucher = Flucht“ durch Desensibilisierung aufgearbeitet wird, lässt sie Schritt

Fotos 1-6: Gewöhnung an ein neues Familien-Mitglied „der anderen Art“:
Mogli soll an Hund Monello herangeführt werden. Zunächst befindet er sich zur Sicherheit beider in einem Käfig. Schritt für Schritt werden Hund und Katz einander mithilfe des Targets näher gebracht.

Monello berührt das Target. Noch ist der Abstand zum Käfig recht groß.

Nun kommt abwechselnd Kater Mogli zum Zug.

Nach und nach wird die Distanz zwischen den beiden verringert und auch die Körperhaltung des Hundes variiert, sodass die Katze in Ruhe die Möglichkeit hat, dessen Bewegungen kennen zu lernen.

Während der Käfig für die Katze geöffnet wird, ist der Hund an einer Leine gesichert und wird weiter mit Target und Clicker beschäftigt.

Beim ersten Zusammentreffen darf nichts schief laufen! Da Mogli den Hund gar zu forsch fixiert, wird der Augenkontakt kurz unterbrochen und die Katze abgelenkt.

für Schritt nach, wird immer schwächer, bis sie gelöscht ist. Der Schlüssel (Flucht) passt also sozusagen nicht mehr ins Schloss (Besucher) und dies führt wiederum zu einer Verhaltensveränderung der Katze. Löschung hat nichts mit Vergessen zu tun! Die Verknüpfung wird einfach durch eine andere, vorzugsweise positive Verbindung ersetzt (immer, wenn Besucher kommen, passiert etwas Gutes: Leckerli und Clickertraining). Am schnellsten und zuverlässigsten erreicht man dies, indem man kontinuierlich jede angstfreie, neutrale Haltung der Katze bestätigt.

Seien Sie darauf gefasst: Bevor eine definitive Löschung geschieht, wird sich das bisherige Verhalten, die Angst, noch einmal „aufbäumen“ und verstärken. Dies ist ein ganz normaler Prozess! In dieser Zeit, die zumeist nur wenige Tage anhält, sollte die Katze Übungen machen dürfen, bei denen gewährleistet ist, dass sie mit

Geschafft! Das gibt einen Jackpot für beide!

einem Erfolg enden. Manche Katzen werden sehr ungehalten und ungeduldig in dieser Zeit, weil sie Belohnungen, die sie erhalten, nicht als ausreichend für ihre Leistungen empfinden. Beenden Sie die Übung mit einem speziell feinen Jackpot, denn wir können nur erahnen, welche Leistung das mutige, kleine Katzenherz gerade erbringen muss. Ist die Löschung erst einmal geschafft, werden Sie staunen, welche Fortschritte Ihre Samtpfote von nun an macht!

Weg von der Belohnung, um eine Belohnung zu erhalten

Haben Sie den Eindruck, Ihre Katze lauert ausschließlich auf die Belohnung? Ist der süße Tiger zu übereifrig und überschlägt sich nahezu beim Clickern? Oder wird Miezi zu unbeherrscht, schier kopflos und überdreht? Dann gibt es eine tolle Übung, die wieder Ruhe in die Sache bringt!

Weg von der Belohnung, um eine Belohnung zu erhalten, hier sogar in Form einer Verhaltenskette: Mogli muss zu einem Kegel laufen ...

... ihn berühren ...

... und zurückkommen ...

... um erst dann dafür seine Belohnung zu bekommen.

Zeigen Sie Ihrer Katze wie bereits beschrieben, dass sie die Spitze des Targets (Zeigestock oder Ähnliches) mit der Nase zu berühren hat, um einen Click zu erhalten. Doch statt nun zu fordern, dass Ihr kleiner Wildling mit der Nase am Target bleibt, lassen Sie ihn zwischen Target und Leckerli hin- und herpendeln. Halten Sie dazu in der einen Hand das Target und den Clicker, in der anderen Hand (wenn nötig auch hinter dem Rücken versteckt) die Belohnung. Nach und nach steigern Sie nun die Entfernung zwischen dem Target und dem dargereichten Leckerli. Sind Sie auf maximaler Armlänge angelangt, können Sie auch ein Glas oder eine Blumenvase zu Hilfe nehmen, in die Sie das Target stecken, und sich nach und nach weiter davon entfernen. Ziel ist, dass die Katze zum Target geht und dieses mit der Nase berührt. Dies ist der Moment, in dem Sie clicken. Daraufhin wird Ihre Katze zu Ihnen eilen, um die verdiente Belohnung in Empfang zu nehmen. Dieses Training ist von der Schwierigkeit her nicht zu unterschätzen! Immerhin muss die Katze sich von Ihnen und der Belohnung entfernen, um die Belohnung zu erhalten. Seien Sie darauf gefasst, dass Ihr Tigerchen innerhalb kürzester Zeit eifrig hin- und herflitzt.

Aggressives Verhalten gegenüber Menschen, Hunden oder Artgenossen

Beim Abtrainieren von Aggression ist – vergleichbar dem Angsttraining – ein Punkt unabdingbar: Sie müssen erkennen können, wann Ihre Katze Aggression zeigt, damit Sie nie versehentlich aggressives Verhalten mit dem Click bestätigen. Mit dem aufmerksamen Beobachten der Körpersprache der Katze steht und fällt jeglicher Erfolg! Denn nur, weil eine Katze faucht, muss sie noch lange nicht auf Angriff gestimmt sein. Die wirklich rein aggressiv motivierte Katze zeigt Angriffsdrohen, ist offensiv. Sie macht sich groß, indem sie das Fell und den Schwanzansatz sträubt, wobei der Schwanz selbst hakenförmig nach unten weist. Sie zeigt Breitseitendrohen und fixiert den Gegner mit dem Blick. Die Schnauzhaare sind nach vorne gefächert. Hier wird der Biss, also wirkliche körperliche Beschädigung, angekündigt! Die Ohren weisen mit der Rückseite nach vorne. Der Tiger hat auf der Rückseite der Ohren jeweils einen weißen Punkt. Echte Falbkatzen besitzen an der gleichen Stelle einen orangefarbenen Punkt. Diese Fellzeichnung hat Signalcharakter und macht unmissverständlich klar, dass mit dem Tier nicht zu spaßen ist. Prägen Sie sich dieses Bild gut ein.

Das Grundrezept für Ihr Clickertraining ist hingegen denkbar einfach: Aggression wird ignoriert, führt zum Spiel- oder Trainingsabbruch und jegliches erwünschte – also friedfertiges, neutrales – Verhalten wird mit dem Clicker bestätigt. Und somit verstärkt!

Wie bei der Bewältigung von Angstproblemen ist auch hier wichtig, dass das neu zu erlernende Verhalten, also die Friedfertigkeit, generalisiert wird. Die Katze soll nicht nur zum Beispiel in der Küche friedlich gegenüber dem anderen Kätzchen (oder dem neuen Hund) sein, sondern grundsätzlich und überall. Dementsprechend muss jegliche Antiaggressionsübung an vielen verschiedenen Orten und unter verschiedensten Voraussetzungen wiederholt werden, um sich zu festigen.

Nehmen wir an, Sie möchten einen neuen Vierbeiner in die Familie aufnehmen und Ihre Katze reagiert auf den Neuankömmling barsch und unfreundlich bis hin zu wirklich feindlich. Verfahren Sie ähnlich wie bei Angstproblemen: Bieten Sie der Katze zum einen ein inkompatibles Verhalten an und belohnen Sie jegliche Interaktion, die aggressionsfrei ist.

Inkompatibles Verhalten bedeutet, dass dem Tier in bestimmten Situationen ein Verhalten antrainiert wird, das mit dem bisherigen unerwünschten Verhalten nicht vereinbar ist. Dieses neue Verhalten muss gewährleisten, dass es der Katze unmöglich wird, die alten Verhaltensweisen beizubehalten.

Da man das neue Verhalten belohnt, wird dieses häufiger von der Katze gezeigt. Das alte Verhalten führt zu keiner Beachtung und verschwindet so nach und nach. Inkompatibles Verhalten anzutrainieren ist eine echte Alternative zur herkömmlichen Bestrafung.

Sie geben also der Katze eine Aufgabe, beispielsweise mithilfe von Targettraining. Bedingung ist auch hier, dass die Katze das Clickertraining bereits im positiven Sinne kennt. Lernt sie es ausschließlich im Zusammenhang mit Problemsituationen kennen, so hat es bereits einen faden Beigeschmack. Kennt die Katze den Clicker in angenehmen Zusammenhang, kann sie sich nun keinesfalls mit dem Target beschäftigen und sich gleichzeitig aggressiv verhalten (inkompatibles Verhalten). Bestätigen Sie außerdem jedes Verhalten, außer solchem, das Aggression beinhaltet (Gegenkonditionierung: Immer wenn diese fremde Katze oder dieser Hund erscheint, passiert etwas Positives).

Trennen Sie zwei aneinander grenzende Räume sicherheitshalber durch ein Balkon- oder Katzennetz ab. In dem einen Raum befindet sich „der Neue“ (der Hund oder die andere Katze), im anderen Ihre alteingesessene Katze. Beginnen Sie in größtmöglichem Abstand mit dem Targettraining. Die Katze wird für jede Targetberührung geclickt, aber auch für jede neutrale Körperhaltung! Halten Sie kurze Übungssequenzen mehrmals täglich ab. Beenden Sie jede Übung mit einem Erfolg. Versuchen Sie stetig, sich in kleinen Schritten der Abtrennung, dem Netz, zu nähern. Sobald Ihre Katze beginnt, „den Neuen“ anzustarren und zu fixieren, brechen Sie die Übung ab und schließen die Zimmertüre. Probieren Sie es ein paar Stunden später noch einmal. Es schadet keinesfalls, mit dem neuen Tier genauso zu verfahren, vorausgesetzt es ist nicht zu verschüchtert.

Außerhalb der Clickerübungen ist die Türe geschlossen, aber Sie können gerne die Zimmer und deren Insassen wechseln, damit jeder die Möglichkeit hat, sich mit dem Geruch des anderen vertraut zu machen.

Fotos 1-13: Zwei sich fremde Katzen, Mogli und Anima, begegnen einander zum ersten Mal.
Wieder findet die Zusammenführung durch Targettraining statt. Genau das gleiche Vorgehen empfiehlt sich für Katzen, die sich untereinander zerstritten haben und wieder vereint werden sollen.

Mogli wartet im halb verdeckten Käfig auf sein erstes Rendezvous.

Anima ist beim ersten Anblick recht zugetan.

Shake hands!

Anima mag das Targeting nicht so gerne und hebt lieber die Pfote …

... um ein Leckerli zu erhalten. Egal! Jedes erwünschte Verhalten, hier also Friedfertigkeit, wird bestätigt.

Mogli wagt es, nach einem Leckerli zu angeln, das Anima auf den Boden gefallen ist ...

... und erhält prompt eine Rüge, die ihn allerdings nicht nachhaltig beeindruckt.

Es scheint, als wolle Anima beim Entriegeln des Käfigs helfen.

Als Mogli dem Käfig entsteigt, ist Anima doch leicht angespannt ob so viel dreistem Selbstvertrauen.

„Pah! Mit Draufgängertum erreichst du bei mir gar nichts!“

Anima geht in Abwehrhaltung.

Doch Mogli gibt nicht auf und setzt alles daran, Anima mit seiner jugendlichen Frechheit im Sturm zu erobern.

Gemeinsam Fressen verbindet, unterbricht allzu intensiven Augenkontakt und belohnt für derart friedfertiges Verhalten.

Nachdem Sie sich Schritt für Schritt an das Netz angenähert und erreicht haben, dass beide Tiere sich ruhig verhalten und sich in das Targeting vertiefen, sollten Sie diesen Zustand für mindestens eine Woche beibehalten. Erst dann ist es an der Zeit, das Netz zu entfernen. Führen Sie Ihr Clickertraining auch danach weiter. Sollten Sie mit Ihrer bisherigen Katze clickern und Ihr Neuzugang kommt hinzu, so führen Sie unbeirrt Ihr Training fort, reichen aber auch der neuen Katze (oder dem Hund) ein Leckerli nach jedem Click. Vielleicht brauchen Sie für diese Art des Aneinandergewöhnens etwas länger. Aber Sie erreichen eine Freundschaft, und kein bloßes Einanderdulden. Es ist die Mühe wert!

Möbel kratzen

Neben Angst- und Aggressionsproblemen bereiten es uns am meisten Kopfzerbrechen, wenn unsere Katzen ihre Krallen an nicht dafür vorgesehenen Orten wetzen. Dabei geht es der Katze nicht nur darum, die alten Krallenhüllen abzuwerfen, sondern hauptsächlich darum, ihr Revier mit ihrem eigenen Duft zu markieren. Aus diesem Grund kann man auch die ansteckende Wirkung unter mehreren Katzen beobachten: Kaum beginnt eine, ihre Krallen zu wetzen, kommt die andere ebenfalls angedüst und es entsteht das reinste Wettkratzen. Alles schön und gut, aber doch bitte nicht am neuen Ledersofa! Unsere

Katzen haben leider keine Vorstellung davon, was materielle Werte sind. Und wenn wir schreiend um die Ecke gerannt kommen, die Wasserspritze schwenken oder was uns auch immer dazu geeignet erscheint, unser Hab und Gut zu schützen, führt das lediglich dazu, dass die Katze dann eben heimlich kratzt! Was tun?

Zunächst müssen wir der Katze einen attraktiven, adäquaten Ersatz bieten. Die Katze sollte ausreichend Kratzmöglichkeiten haben. Dabei sind mit Sisal bezogene Kratzbäume beliebter als solche, die mit Teppich bezogen wurden. Das Material muss einerseits weich genug sein, um die Krallen hineingraben zu können, und andererseits hart genug, um Widerstand zu spüren. Vertikale Kratzgelegenheiten werden horizontalen in der Regel vorgezogen. Leider stehen viele Kratzbäume an Orten, die die Katze nicht sehr attraktiv findet. Ein Kratzbaum gehört ans Fenster, weitere Kratzgelegenheiten in die Nähe der Lieblingsschlafstellen. Bleibt trotz all dieser Verbesserungen noch immer eine Stelle in der Wohnung zurück, die bevorzugt bekratzt wird, so kann man diese vorübergehend mit Plastikplane überziehen und der Katze unmittelbar daneben eine geeignete Kratzgelegenheit anbieten. Für ganz besessene Kratzteufel kann man die Plastikplane zusätzlich mit doppelseitig klebendem Klebeband versehen (sehr unangenehm, wenn die feinen Härchen zwischen den Fußballen daran kleben bleiben!). Nutzt Ihre kleine Teufelskralle die angebotene, für sie bestimmte Kratzgelegenheit, bekommt sie einen Click! Sie bestätigen also positives Verhalten und verstärken dies dadurch.

Bitte denken Sie dran: An Möbeln kratzen kann auch aufmerksamkeitsheischenden Charakter haben. Hat das Kätzchen gelernt, dass Sie es nur beachten, wenn es derlei Dummheiten macht, erlangt dieses Verhalten in doppelter Hinsicht einen belohnenden Effekt: Sie schenken dem Tier Aufmerksamkeit (auch, wenn diese von negativer Art ist) und gleichzeitig wird das Revier markiert. Spielen und Clickerübungen bieten auch hier wieder die Alternative, um die Katze anderweitig auszulasten.

Spezielle Fragen

Clickertraining mit mehreren Katzen

Auch wenn mehrere Katzen in einem Haushalt leben, können Sie clickern. Einzig die Konditionierung und das Erlernen neuen Verhaltens sollten vorzugsweise einzeln vorgenommen werden, damit Sie sicher sind, dass jede der Katzen alles richtig verstanden hat und umzusetzen vermag. Während Sie mit einem Tier arbeiten, werden oder die anderen weggesperrt.

Danach haben Sie verschiedene Möglichkeiten. Entweder trainieren Sie mit jeder Katze das, was sie am besten beherrscht oder am häufigsten spontan zeigt. So kann das quirlige kleine Katerchen, das so ein geschickter Kletterer ist, beispielsweise Übungen lernen wie über Balken oder Bretter laufen, die Leiter hoch- und hinuntersteigen oder einen Slalom auf Geschwindigkeit absolvieren. Und mit dem gemütlichen Kätzchen, das eher ein Teddybärengemüt hat, üben Sie vorzugsweise Dinge ein, die Geschicklichkeit, Ruhe und Ausdauer verlangen, zum Beispiel einen Lichtschalter betätigen, das Rollen oder ein Leckerli aus einer Waschmitteldosierkugel fischen und vieles andere mehr.

Sie können auch mit beiden Katzen die gleichen Übungen machen. Kommt dann die eine Katze dazu, während Sie mit der anderen gerade clickern, so bekommt zwar nur die Katze, mit der Sie aktuell arbeiten, einen Click, aber beide bekommen bei richtig gezeigtem Verhalten ein Leckerli.

Oder aber man verwendet verschiedene Clicker, Zwei- oder Drei-Ton-Clicker respektive mit der Zeit verschiedene Clickwörter. Natürlich ist dabei wichtig, dass jede Katze ihren eigenen Clickton gut kennt und Sie genau auseinander halten können, für welche Katze welcher immer gleiche Clickton (beziehungsweise welches Wort) bestimmt ist.

Da die einzelnen Übungssequenzen ja ohnehin nie zu lang sein sollten, können Sie Ihren Katzen auch beibringen, dass sich jeweils diejenige, die gerade nicht aktiv mit Ihnen arbeitet, hinlegen und warten muss. Nach ein paar Minuten wird dann gewechselt.

Clickern ohne Clicker

Vielleicht mag Sie die Arbeit mit dem Clicker bis hierhin begeistert haben – so hoffe ich doch! Aber nun fragen Sie sich, ob Sie den Rest Ihres Lebens mit einem Clicker herumlaufen müssen. Nein, das müssen Sie nicht! Mit der Zeit setzen Sie den Clicker nur noch ein, wenn Sie die Katze ein neues Verhalten lehren möchten. Für bereits wohlbekannte Übungen können Sie nun beginnen, den Click durch ein Wort zu ersetzen. Achten Sie darauf, dass Sie ein Wort verwenden, das im alltäglichen Sprachgebrauch nicht ständig vorkommt, damit es Signalcharakter behält. Das kann ein Zungenschnalzer sein, aber auch ein Wort wie zum Beispiel: „Click", „Si", „Yes", „Ups" und vieles mehr. Das Wort muss, wie der Click auch, kurz, prägnant und unverwechselbar sein. Vor jedem Click sagen Sie nun Ihr Clikkwort innerhalb maximal einer halben Sekunde. Das kommt Ihnen bekannt vor, nicht wahr? Ja genau, wir konditionieren gerade klassisch ein Wort statt des Clickgeräusches! Der Ablauf ist:

- Aufforderung „Sitz" > Handlung > Clickwort > Click > Belohnung

Denken Sie daran, dass das Wort genau die gleiche Funktion wie der Click hat. Es beendet also die Handlung. Verwenden Sie hierzu keine Wörter des Lobes. Lob ist ein primärer Verstärker und der sollte erst nach dem Click – oder auch nach dem Clickwort! – folgen!

Probleme mit der Katzentoilette

Der ungeschlagene Spitzenreiter Nummer eins im Rahmen von Verhaltenstherapien ist und bleibt das Problem mit der Katzentoilette, wobei grundsätzlich zu unterscheiden ist zwischen Unsauberkeit und Markieren. Es betrifft hauptsächlich

Halter von reinen Wohnungskatzen; da jedoch nicht alle dieses Problem haben, kann es nicht grundsätzlich am fehlenden Freigang liegen. Bei einem Großteil der Fälle liegt die Ursache in einem gesundheitlichen Mangel wie einer unbemerkt verschleppten Blasenentzündung. Nicht selten sind nicht tolerierte Mitkatzen, aber auch Langeweile oder aufmerksamkeitsforderndes Verhalten die Auslöser! Dieses Thema ist derart vielschichtig, dass ich allein damit ein ganzes Buch füllen könnte, doch um beim Thema Clickertraining zu bleiben, fasse ich nur kurz zusammen: Haben keine augenscheinlichen Veränderungen im Haushalt stattgefunden, wurde die Einstreu nicht gewechselt, steht eine genügend große Anzahl an Katzentoiletten zur Verfügung (für die erste Katze zwei Toiletten; für jede weitere Katze eine zusätzliche Toilette), hat die Katze ausreichend Beschäftigung, Spiel, Abwechslung, stimmt der Standort der Toilette (bitte nicht neben dem Fressnapf oder neben dem Lieblingsschlummerplatz!), so sollte der erste Gang zum Tierarzt führen. Erst wenn man gesundheitliche Probleme definitiv ausschließen kann, empfehle ich, eine Fachperson der Tierpsychologie oder Verhaltenstherapie beizuziehen, um tieferen Ursachen auf den Grund zu gehen.

Leider stehen uns bei dieser Problematik meines Erachtens keine geeigneten Möglichkeiten des Clickertrainings zur Verfügung. Theoretisch müsste man nämlich der Katze einen Click schenken, sobald sie daran ist, die Katzentoilette zu betreten beziehungsweise zu benutzen. Da aber der Click das Verhalten beendet, hätte dies zur Folge, dass das Kätzchen sein Geschäft verklemmt und die Toilette verlässt, um sich die Belohnung abzuholen. Katzen, die sowohl die Toilette als auch andere, unerwünschte Orte nutzen, könnte man zwar mit dem Clicker unmittelbar dann bestätigen, wenn sie wirklich auf die Toilette gehen. Nehmen wir aber mal an, dass die Katze als Signal (es geht ihr nicht gut) oder um Aufmerksamkeit zu erlangen (ihr fehlt was Entscheidendes, sie ist unglücklich) auch anderswo hinmacht, so wird dieses Verhalten immer weitaus stärker bestätigt werden, weil wir die Katze daraufhin ja effektiv beachten – und sei es nur, um die Stelle zu säubern!

Dies sollte aber bitte nicht mit Begriffen wie „reiner Trotz“ oder „Protest“ verwechselt werden! Wenn die Katze unsauber ist, hat dies immer seine Begründung, und daher sollte dem auf den Grund gegangen werden, statt einfach nur zu strafen.

Kurz und gut – um Probleme mit der Katzentoilette zu beheben, müssen die Faktoren, die als Auslöser dienen, modifiziert werden. Ein Clicker wird hier leider kaum ausreichen. Ich wage aber – zugegebenermaßen ohne jegliche wissenschaftlich belegende Statistik! – zu behaupten, dass Clickerkatzen weitaus weniger oft Probleme dieser Art zeigen. Leider gibt es derzeit im europäischen Raum noch nicht allzu viele Katzen, die geclickert werden, sodass uns hierzu beweisende Erkenntnisse fehlen.

Aber wer weiß! Vielleicht hat dieses Buch dazu beigetragen, auch Sie zu einem eingeschworenen Clickerfan zu machen? Dann werden wir bald mehr wissen über das ausgeglichene, erfüllte Leben der Clickerkatzen! Viel Spaß für Sie und Ihre Samtpfote!

Auf einen Blick:
Was wird wie trainiert?

Welches Verhalten wird trainiert?	Mit welcher Methode?	Mit welcher Belohnungsart?
Aggression	Targeting/inkompatibles Verhalten/Gegenkonditionierung	kontinuierlich
Agility für Katzen	Shaping/Targeting	zuerst kontinuierlich, dann variabel
	Verhaltensketten und -sequenzen	
Angst	Targeting/Desensibilisierung inkompatibles Alternativverhalten/ Gegenkonditionierung	kontinuierlich
Apportieren	spontanes Verhalten/Shaping Verhaltenskette	zuerst kontinuierlich, dann variabel
Bleiben	Shaping	zuerst kontinuierlich, dann variabel
Brustgeschirr dulden	Shaping	zuerst kontinuierlich, dann variabel
Bürsten	Shaping	kontinuierlich, wenn Angst mitspielt
Fuß, laufen bei	spontanes Verhalten/Shaping/Targeting	zuerst kontinuierlich, dann variabel
Halsband dulden	Shaping	zuerst kontinuierlich, dann variabel
Katzenklappe benutzen	Shaping/Targeting	zuerst kontinuierlich, dann variabel
Kommen	spontanes Verhalten/Shaping/Targeting	zuerst kontinuierlich, dann variabel
Krallen, ohne	Shaping/Spielabbruch	zuerst kontinuierlich, dann variabel
Krallen schneiden	Shaping/Desensibilisierung	kontinuierlich, wenn Angst mitspielt
Leine, laufen an	Shaping/Targeting	zuerst kontinuierlich, dann variabel

Welches Verhalten wird trainiert?	Mit welcher Methode?	Mit welcher Belohnungsart?
Licht anmachen	Shaping/Targeting	zuerst kontinuierlich, dann variabel
Liegen	spontanes Verhalten	zuerst kontinuierlich, dann variabel
Miauen/Rufen	spontanes Verhalten	zuerst kontinuierlich, dann variabel
Möbel kratzen	spontanes Verhalten/Shaping Alternative bieten	zuerst kontinuierlich, dann variabel
Pfote geben	Shaping	zuerst kontinuierlich, dann variabel
Platz, gehen auf	spontanes Verhalten/Shaping/Targeting	zuerst kontinuierlich, dann variabel
Rollen	spontanes Verhalten	zuerst kontinuierlich, dann variabel
Sitzen	spontanes Verhalten	zuerst kontinuierlich, dann variabel
Spazieren, gemeinsam	spontanes Verhalten/Targeting	zuerst kontinuierlich, dann variabel
Spielsachen benennen	spontanes Verhalten/Shaping	zuerst kontinuierlich, dann variabel
Spring rauf	spontanes Verhalten/Targeting	zuerst kontinuierlich, dann variabel
Spring runter	spontanes Verhalten/Targeting	zuerst kontinuierlich, dann variabel
Stehen	spontanes Verhalten	zuerst kontinuierlich, dann variabel
Tragen lassen	Shaping/Desensibilisierung	kontinuierlich, wenn Angst mitspielt
Transportkorb, gehen in	Shaping/Targeting/Verhaltenskette	zuerst kontinuierlich, dann variabel
Tür öffnen	Shaping/Targeting	zuerst kontinuierlich, dann variabel

Literaturnachweis

Karen Pryor
Clicker Magics
Sunshine Books

Karen Pryor
Clicker Training Your Cat
Ringpress Books

Anne Gordon
Show Biz Tricks for Cats
Adams Media Corp., 1996

M.E. und Al Bitterman
Animal Learning
Plenum Press, 1979

Gail Fischer
Clicker training for anxious und aggressive dogs
(Praxisseminar in Luzern/Schweiz)
The Clicker Training Manual. Vol. I. All dogs
Inc., 1997

www.clickertraining.com